頂級思維

如何做出改變命運的選擇

蕭亮——著

目錄
CONTENTS

序 | 寫給渴望成為「獨角獸」的你 —— 006

CHAPTER 1 **成功緣於多想一點**

為何有些人總能引領潮流 —— 014

思維決定社會地位 —— 024

他們都是行動狂 —— 027

多想一點,在複雜情勢中脫穎而出 —— 037

CHAPTER 2 **科學拆解問題**

看到硬幣的另一面 —— 050

寫下問題,才能看清問題 —— 054

把複雜的問題分成幾個部分 —— 058

到房間外面看一看 —— 063

CHAPTER 3 設想必須宏大

想到未來五年?不,至少二十年 —— 068
短視是一種通病 —— 073
在今天的世界,看到明天的未來 —— 077
從「危機」中看到需求 —— 085
始終堅持自己的判斷 —— 090
成功是馬拉松,不是衝刺跑 —— 095

CHAPTER 4 謹慎做出決策

關鍵時刻,勇敢做決定 —— 102
不要忽視「反對意見」 —— 106
你知道多少,決定了你能得到多少 —— 111
必須走自己的路,讓別人模仿我 —— 117
無法執行的決策一定是壞決策 —— 122

CHAPTER 5 人不對，一切都白費

企業做大的關鍵是「人」—— 128
把權力交給有能力的人—— 136
人人參與，人人得利—— 142
關鍵位置必須是我的人—— 151
在我這兒可以贏得全部—— 155
卓越人物的信任法則—— 159

CHAPTER 6 以溝通為基礎

「無障礙溝通」是一切的開始—— 168
充分表達：讓人了解你的需求—— 174
控制你的反應速度—— 178
任何時候都應提供安全感—— 181
定期整合人際關係與客戶資源—— 191

CHAPTER 7　做有價值的事

不要在沒有意義的事情上浪費時間 ── 200

創造一個「高效率環境」── 205

習慣思維：好習慣產生高效率 ── 213

第一原則：只允許爭論半小時 ── 216

第二原則：行動，而且是高效的行動 ── 218

第三原則：結果永遠是第一位的 ── 223

CHAPTER 8　多一點危機意識

破產恐懼症：我明天就會破產 ── 228

居安思危是一種精英心態 ── 231

用危機倒逼創新，用創新贏得生機 ── 237

「末日管理」法 ── 241

華為的「冬天」── 244

結束語 │ 30條提升思維能力的實戰法則 ── 248

頂｜級｜思｜維

序
寫給渴望成為「獨角獸」的你

10億美元擺在面前，你和我會像狗一樣撲上去，死也要把這些錢當作我們的墳墓。但是祖克柏就像突然看到了一堆狗屎——他掏出手帕，捂住鼻子厭惡地走開了。

——《華爾街日報》記者費雷德·科斯塔

2006年，雅虎公司報價10億美元收購Facebook（美國一家社交網路服務網站，主要創始人為美國人馬克·祖克柏）。祖克柏沒有絲毫猶豫，就拒絕了這張天大的餡餅。隨後，科斯塔寫下了上面這段話。後來，在發給我的郵件中，科斯塔說：「Facebook兩歲了，它能走多遠？誰知道呢？這不妨礙我認為祖克柏是一位偉大的人物。」如果換成我們呢？一家成立不到800天的新公司，面對天價的收購意向——這筆錢能讓你和家人幾世無憂，你的心理防線能夠堅守多久？至少祖克柏始終拒絕被收購。

在今天，我們已經看到祖克柏「抵抗」金錢的誘惑後帶來的想像不到的成果——Facebook用戶超過14億，市值已高達2,500億美元，在背後，「祖克柏的拒絕」所體現的不僅僅是一位世界

寫給渴望成為「獨角獸」的你｜序

級的卓越企業家的長遠目光，還是優秀人才頂級思維的一次「典型閃光」：對於突如其來的變化，他可以比常人想得更長遠並堅持自己正確的原則。這是一種強大的力量。一個人的思維方式決定他可以站多高，走多遠，影響他的階層身分，進而不可抵抗地塑造他的命運。歸根結底，這是大眾與精英的差距，是人們能否像他一樣成功的決定性因素。對待錢的態度只是其中之一；在其他很多方面，人們都能發現明顯的對比。正是這些思考和選擇的不同決定了最終的結果。

過去的十幾年中，精力旺盛的科斯塔協助我的機構進行了一項富有創意的研究：那些世界級企業的高級管理者們是如何做出決策和管理自己的公司的，他們這些領袖級人物的共同點是什麼？在這項研究中，有上百位來自全球不同國家的CEO（首席執行官），他們講著五花八門的語言，但他們都屬於我們今天這個世界的「獨角獸俱樂部」的成員。他們不僅是超級富人、社會名流和行業頂級權威，還是具有高智力、高情商的群體。科斯塔利用自己的職業身分進行採訪，為本書提供了大量的案例。他還參加了我們在全球各地舉辦的高端商業論壇，與企業的高管們深入接觸，了解他們不為人知的故事。最後我們得出了一個有趣的結論──始終從多個角度思考和解決問題，是這些「獨角獸」與普通人最大的區別，他們總是比普通人多想一點點，多做一點點。

只用一本書的篇幅遠不足以描述這些商業精英的思維優勢，但正像美國著名思想家羅伯特・弗羅斯特所說：「我們至少可以

頂│級│思│維

築起一道牆,把重要的東西圈進來。」幾乎每個年輕人都渴望成為新一代的祖克柏,成為令人仰視的「獨角獸」。這當然是一個偉大的使人激動的夢想,他們為之努力,可為什麼目標如此遙遠呢?秘密是什麼?很簡單,這便是我希望本書可以具有的價值。想成為像祖克柏這樣的人,想讓自己生活得更好,那麼,就要先讓自己學會像他們一樣去思考,像他們一樣去決策和行動。

多想一點是一種正向思考,它讓我們總能在困境中發現機遇。奇異公司(GE)的前任總裁傑克‧威爾許是一位從不服輸的鬥士和擅長力挽狂瀾的人。他曾經不無嘲諷地評價一些後來者:「他們都妄想自己是浪尖上的冒險家,興致勃勃地沖向海灘。一個浪頭過來,就都滿嘴泥沙地乞求幫助了。」普通人面對困境時缺乏耐心,當挫折出現時,他們再也無法冷靜思考,想到的只有逃命──穿著內褲跑到安全地帶。就像那些成群結隊逃離股市的散戶、遇上生意淡季就準備關門大吉的店鋪老闆。但是具備頂級思維的人,卻會在這時透過危險的情勢,看到「硬幣」的另一面。我在寫給一位經理人的信中說:「恐慌本身就會帶來市場。」面對問題,永遠不要說「不可能」,而是去思考走出困境的方法,只有這樣才能順利地將危機轉化成商機,讓自己迎來轉機。

從自身尋找原因,而不是抱怨環境。有些人不管是經營一家公司,還是面對個人問題,遇到麻煩時總是強調客觀因素,先將自己的責任推卸乾淨,再花費大量的時間指責別人。這就是典型

的「替罪羊思維」，替罪羊思維在普通人的生活和工作中，已經成為人們應對問題的一種本能選項。專案搞砸了，生意賠錢了，管理者責怪下屬，員工埋怨同事，或者一起去抱怨市場，咒罵大環境，很少有人能夠靜下心來自我反思。相反，世界級企業的領袖們卻從來不會迴避自己的責任，他們對自身決策擁有強大的調整能力，靈活務實的作風使他們幾乎可以適應任何環境，在惡劣的條件下開拓生存空間；別人還在集體抱怨時，他們卻能迅速糾正自己的失誤，重新上路，很快就「輕舟已過萬重山」。

「獨角獸」都是夢想家，但絕非空想家。勞倫斯·愛德華·佩吉在 Google 第一次登上美國「最具創新精神企業排行榜」首位時，對採訪他的《華盛頓郵報》的記者說：「我從來沒有想到自己的夢想有朝一日會變成現實。」成功者總有一種謙虛的態度，就像亞馬遜網路書店的創始人傑夫·貝佐斯聲稱自己對「靠賣書賺大錢」絲毫不抱希望。然而，他們的夢想全都變成了一項「人類商業史上的偉大事實」，這是因為他們都是腳踏實地的夢想家，而不是只躺在臥室床上沒有任何實施方案的空想家。「獨角獸」推崇行動，拒絕空想。如果邀請他們對你的人生提一句忠告，最有可能的一句話就是——有什麼想法嗎？馬上行動起來！

相信團隊的力量，從不迷信個人。即便是史蒂夫·賈伯斯這樣追求完美主義和不容置疑的天才，他也從不諱言優秀團隊對自己和蘋果公司的重要性。凡是喜歡做孤膽英雄的人註定會獨自品嘗孤家寡人的味道，迷信個人力量的思維方式和獨斷專行的管理

風格即便取得暫時的成功，也不會給他帶來持續的成績。只有團隊的能力才是無限的，任何時候我們都要通過與他人協作去完成工作，並與自己的夥伴分享榮耀。從團隊的角度講，頂級思維就是一種共贏精神，你要思考協作的關係，要針對團隊的需求做出讓步，改變自己，而不是為了個人利益固執己見。我們可以看看那些優秀企業的領導者，他們都有一支強大的團隊。他們把不同人的優勢組合在一起，就形成了整體優勢。依靠團隊，他們實現了許多不可想像的壯舉。

換位思考的溝通大師。換位思考是高效溝通的基本原則，同時也是一種令人尊敬的人格魅力。遺憾的是，掌握這種能力的人並不多。1997 年，金融風暴席捲亞洲時，尹鐘龍臨危受命出任三星電子的 CEO。後來他回憶說：「企業受到極大衝擊，最困難的那兩年，隨時可能宣告破產。總有人對我說：『早知今日如此，當初何必努力！』我的耳朵每天都充斥著類似的哀怨，但我時時想到他們有家庭需要供養，而企業的薪資又因為危機縮減了大半，若我站在那個位置也會心灰意冷。我能做的便是帶頭更加努力地工作，帶領他們扭轉這樣的局面，希望我的志向可以感染他們。」正是具備了與下屬同心同理的思維，尹鐘龍才有機會團結眾人，對三星電子進行全面的改革，最後成功地走出困境，並使企業成為全球位列前茅的知名品牌。站到對方的立場去思考問題，你才能看清問題的實質，發現彼此的差異，並且找到溝通的辦法。

寫給渴望成為「獨角獸」的你｜序

　　每一個獲得巨大成功的人，他的思維都具備上述特點。基於篇首所限，我能簡單概述的只有很少的一點。對於企業的管理者由於思維的不同導致的決策偏差和卓越人物的思維法則，以及我們如何借鑒、落實其實用的指導價值，在書的正文中，我將結合自己這些年的工作經驗和在管理諮詢中搜集到的事例進行詳細的解讀。

　　在本書中，你將了解到很多世界級企業的歷任掌門人和執行官的決策過程——這些「獨角獸俱樂部」的成員怎樣做出一個重大而富有風險的決定？他們想到了什麼，做了什麼，才使企業在最艱難的時期避免了倒閉或被併購的結局？他們的管理理念和經營思路對我們的啟示是什麼？作為大眾並不了解的全球頂級人物，他們對待工作和生活的態度，又有哪些值得我們借鑒？書中將對此一一解碼，力爭讓每位讀者都能在這個過程中發現自己感興趣的內容，從而去改善自己的某些思維，在我們未來的人生中做出更聰明的選擇。

蕭亮

CHAPTER 1

成功
緣於多想一點

你能想到普通人想不到的東西嗎
擺脫思維「搖擺症」
給自己犯錯的機會
像「獨角獸」一樣思考

為何只有少數人能夠洞察事物的本質？人的階層和等級是由什麼決定的？為何你的夢想總是破碎，他們卻一帆風順？成功者是因為擁有權力和金錢才得以成功的嗎？重要的不是坐上某個位置，而是像他們一樣思考，學會他們的生存法則和思維方法，具備他們的行為模式，激發頭腦裡的「隱藏力量」。

為何有些人總能引領潮流

「世界一直是由精英人物統治的，我們的企業也是由他們在管理。」「獨角獸俱樂部」控制了全球經濟，沒有人會否認這個觀點。但是，他們是怎麼成長起來的？他們和普通人的區別是什麼？他們又是如何統治世界和管理企業的？2013 年夏天，我坐在曼哈頓紐約證券交易所的外面，和兩名畢業於紐約大學史登商學院的年輕人喝咖啡。這裡是全球金融中心，是銀行精英心目中的聖地，世界 500 強企業的股票每天都在這裡交易。

他們充滿憧憬地望著華爾街高聳入雲的摩天大樓，對我提出這樣或那樣的疑問。24 歲的麥可·諾亞來自加州西部的小鎮；26 歲的阿克曼則是土生土長的紐約人。他倆的家族雖然分居美國的東西兩端，相隔遙遠，但關係深厚，友情已經持續了整整三代人。阿克曼的祖父曾經被推舉去競選市議員，得到了老諾亞一家人的大力支持，替他募集了不少資金。雖然參政的夢想沒有實現，但從此為這兩個普通的家庭注入了向上流社會奮鬥的基因。

獲得工商管理碩士學位後，諾亞和阿克曼選擇留在紐約，並到曼哈頓發展事業。在家族友情的影響下，這對好朋友的目標出奇地一致。

成功緣於多想一點　CHAPTER **1**

「在那裡，有兩張椅子是我們的！」阿克曼指了指遠方的一棟大樓。

「嘿，那是聯邦準備銀行嗎？不，是摩根總部。」諾亞開玩笑地說。

無論如何，兩名年輕人準備在這塊不到一平方公里且散發著銅臭味的建築群中刻下自己的腳印。他們在過去的一周投遞了上百封簡歷，也曾上門毛遂自薦。經過這段時間的「實地考察」，兩個人已經深深地愛上了華爾街。

但是，從史登到 NYSE（紐約證券交易所）還有多遠？他們準備好了嗎？諾亞和阿克曼都需要轉變頭腦，才能坐上直達華爾街頂層的電梯。他們心懷遠大的理想，希望盡快像華爾街的「聰明人」那樣思考問題，或者坐在一張氣派的辦公桌後面，一出手就是大手筆。可他們還沒有理解那個特殊的優秀群體的思維方式，眼前的一切都是陌生的。就像諾亞用了 5 分鐘才想明白我要做什麼。

我放下手中的杯子，「聽著，我有一檔股票。瞧，它剛在電子螢幕上一閃而過……現在漲到 42 美元了，我想在下午三點半之前把它賣掉。」

他困惑地反問：「先生，你為什麼要在這時候拋掉它呢？」

■ 股票下跌時的「獨角獸俱樂部」成員

我們要談的並不是股票應該怎麼買賣，而是在股票的價格變

動中,會讓我們看到不同群體的思維交織在一起——它們呈現出巨大的反差,使人與人的命運在此時此地彙聚,然後飛向相反的方向。華爾街到處都是市值百億美元以上的世界 500 強企業,要想成為這裡的風雲人物,他們就必須好好想想:面對同一個問題時,那些卓越企業的管理者們是怎麼想的?諾亞顯然還沒有明白這一點,他現在只想賺大錢,穿體面的衣服,開昂貴的跑車,給女朋友買高級化妝品。

像諾亞和阿克曼一樣祈望命運轉折的人還有我的一位朋友格蘭德。格蘭德的理想並不單單是「成為有錢有地位的體面人」。他說:「偷走你幸福的人不是小偷,而是銀行和通貨膨脹。」他試圖證明自己可以掌控一些東西。儘管懷孕的妻子經常質疑他對家庭的責任,詬病他沒有本事在孩子出生前換一棟帶有兒童臥室的大房子。格蘭德還說:「最大的風險就是你把錢放在銀行,不投資是一定貶值的。」這句話本身並沒有錯誤。多年前,他就買了很多檔股票,有賺有賠,總體來看聊勝於無。有一天,他發現一檔股票從 23 美元暴跌到了 8 美元,他認為這是抄底的好機會,便大膽買入,一次投入了 15 萬美元——這是他的家庭儲蓄金,一旦虧空,妻子會跟他拼命。他在興奮中等了一個月,這檔股票不但沒漲,反而跌到了每股 5 美元。格蘭德繼續籌集資金,從同事和親戚那裡借來了 10 萬美元投了進去。

「根據我的研究,這回應該到底了。」格蘭德保持一貫的淡定。沒想到又過了一個月,這檔股票的價格變成了 4 美元。格蘭

成功緣於多想一點　CHAPTER 1

德這時害怕了,他的內心生出了無窮無盡的恐懼:萬一不會再漲了呢?經他打聽,許多朋友也在兩個月前買了這檔股票,現在大家早都割肉離場了。在人們的嘲笑聲中,格蘭德拋掉了大部分的股票。顯而易見的是,不但沒有賺到錢,家庭財務反而雪上加霜。接下來他經歷了一場戰火紛飛的家庭大戰。

這其實正是大多數人的思考及行為模式的真實寫照。普通人在股市中歷經風雨,備受摧殘,早就習慣了股價的漲跌,已經認識到了一些聰明的做法。但他們既缺乏足夠的耐心,也沒有充足的資訊用來做出下一步的準確判斷。價格在下跌,它早晚到底。格蘭德苦惱的是:「底部的價格很少是我們這個層次的人能夠想到的。」所以,不論價格是漲是跌,普通人很難避免恐慌,最後做出一些錯誤到離譜的決定。

同樣是抄底行為,握有先天資訊優勢的投資精英就會從容很多──「善於搜集和分析資訊」是這個群體不可缺少的能力。他們和普通大眾一樣,對於便宜的東西有一種天然的貪婪。但他們同時也知道:殘酷的市場上往往沒什麼便宜可占──不付出足夠的代價,就無法換來做夢都會笑醒的利潤。這時候,他們需要的就不僅是幾個月的耐心,而是超前的判斷和強大的意志力。認識的差距決定了後面的結果,這既是能力,又是思維方式。

因此,在 2002 年華爾街的那次 3 小時暴跌後,高盛公司的證券經理柯・蒂恩做出的選擇是把自己管理的三分之二的帳戶資金全部投進去,而不是和其他人一樣披頭散髮地逃出來。

他說：「投資者現在像瘋子一樣到處亂竄，如果手中有槍，他們會把美國的證券經理全都幹掉。可是我知道，在股票下跌時，不是誰都能看到機遇。我不是巴菲特，但我知道此時應該怎麼做。」柯·蒂恩手中有六位客戶的數千萬美元，此時貶值已超過 76%。套現離場可能是多數人的選擇，但他寧願承受壓力，去追逐「黑暗中的機會」。

重要的是後面的決定——不論一年內虧損多少錢，他都會繼續持有。強大的心理承受能力和對未來的堅定信心，讓柯·蒂恩在 30 個月後賺得盆盈缽滿。格蘭德就缺乏這樣的思考能力。實際上格蘭德只要再耐心等兩個月，那檔股票就一定會帶給他巨大的驚喜。但他寧可相信朋友們的共同判斷，也不願意再堅持自己當初的原則。

相比普通人的慌張失措，頂尖的聰明人在行情不好時會變身為頭戴草帽隱藏在樹叢之後的獵人。他們有的是耐心，且總能盯準即將到來的機遇。恐慌情緒充斥著華爾街時，海瑟威公司的總裁巴菲特是怎麼做的？他會找到一棵合適的樹，準備好槍和彈藥，悄悄地躲在後面，等候那隻肉肥味美的「兔子」自己撞上來。

當人們歡欣雀躍地期盼股指再攀新高時，你應該選擇撤退，站到一個安全的地方觀望。問題是，在關鍵時刻，只有少數人才有這樣的判斷力。他們能通過理智思考撥開重重迷霧，看透市場假象，發現事情的本質，然後順理成章地做出正確的決策。所

成功緣於多想一點　CHAPTER 1

以，當股票下跌時,「獨角獸俱樂部」的成員們和世界 500 強企業的 CEO 都在想什麼？答案或許五花八門，但有一件事是肯定的，他們對市場很少存有「撈一把就走」的投機心理，所以，價格的波動難以影響他們的思考和決策，但這恰恰是大眾思維的軟肋。

大眾和精英的選擇總是相反的——不論人們多明白其中的奧妙，思維的局限性總在關鍵時刻束縛人們的手腳，做出最迎合自己本性的決策。因此，一個人的思維模式是平庸還是優秀，根據他在股市中的行為模式就能很好地判斷，結果經常是八九不離十的。

聰明人很少覺得自己是「聰明」的。當你感覺自己是「聰明人」時，你距離摔一個大跤也就不遠了，就像股市每年都會給我們的教訓。那些頂尖人物一般也是非常富有的，但他們絕不會聲稱自己是「有錢人」。低調才會安全，這是多麼簡單實用的道理！

沒有絕對安全的地方，只有相對理性的判斷。在複雜的局勢中，第一時間採取行動的人不是大獲成功，就是死得很慘。所以如果你沒有把握，就讓自己等一等，而不是聽從「朋友」或「親人」的「忠告」。假如一個人在做決定前總喜歡到處徵求意見，那麼我建議你別與他合作共事。

學習創造性的頂級思維：在下跌中抓住良機。創造性的應變要求你可以反向思考問題，並從問題中看到規律，不輕易地跟隨

019

主流思維。正如巴菲特所說:「在別人恐懼時貪婪,在別人貪婪時恐懼。」成功者總能通過這種犀利的思考為自己創造機遇,而大眾群體總是不經意間死於自己思維方式的僵化。所以只有轉換思維的方向,你才能從容地打開命運的另一扇門。

■ 為什麼你坐不上那個位置

從麻省理工畢業以後,馬克拒絕了多家知名企業的高薪邀約,義無反顧地來到舊金山一家新成立的建築設計公司。作為名牌大學的高材生,他對自己的未來十分樂觀:即便成不了全美最好的建築工程師,也能在這個行業從事更為重要的管理工作,為將來打下雄厚的基礎。這是他選擇一家新公司的原因——「如果我能幫助這樣的企業打響招牌,順利登上企業主管的位置,那麼三、五年後一定可以跳槽到東部的大公司成為副總級別的高管。」

馬克的理想令人讚嘆,朋友和家人都對他豎起大拇指,支持他的設想。但現實卻是殘酷的,馬克雖然在舊金山的這家公司如魚得水,深受老闆的信賴,一年後也拿到了兩萬美元的月薪,但卻始終沒有升職的機會。時間很快過去了三年,不要說接到大公司的邀約,就連本公司的部門副主管也沒當上。他仍然只是一名「深受上司器重的工程設計人員」——僅此而已。

長達三年的奮鬥都不能升職,馬克的困惑、憤怒和失望是可想而知的,「我是麻省理工走出來的精英人才,為何只獲得了普

成功緣於多想一點 CHAPTER 1

通雇員的職位?」沒有人理解他和同情他。人們或許還在背後嘲笑他:這傢伙只是在做夢罷了,他以為自己是埃列爾‧薩里寧(美國著名建築設計師)嗎?

在這幾年的時間中,公司內部的每一次職位競聘,他都榜上有名,位列重要候選人,但每次他都被淘汰下來,不被董事會所考慮。為什麼不聽聽老闆對他的評價?「馬克是個勤奮的小伙子,他有很強的工作能力,也在努力學習新的知識,對此大家有口皆碑;但他缺乏決策能力。有時他連自己的工作事務都梳理不清,決斷能力差,是我每次都無奈地排除掉他的原因。」幾年來馬克在這方面沒有什麼進步,老闆也很失望。看起來,他當初的夢想已經落空了,這輩子只能做一名任勞任怨的設計師了。

我們不得不看一下馬克在工作中的表現:

——他總是給每件事留下一條後路。具體表現是他從來不把一件工作做完,快速完成一項工作、落定一項創意對他而言是不能容忍的,因為他無論做什麼事情,都會給自己留下一些重新考慮的餘地,以免有什麼東西還要改動。所以做圖紙時,如果不到需要交付的最後一分鐘,馬克就絕不肯罷休。

——他的思維有強烈的完美主義特徵,事事追求完美無瑕。這一特點讓他適合從事要求較高的專案,公司也經常把他放到重點工程的設計組,由他來監督和完成重要的設計任務。但他搖擺不定的行事風格實在太過低效了,有時已經寄出的檔案,他也會打電話讓客戶原封不動地退回來——因為他需要修改幾個用

詞，來使自己的表述更為精確。事實上，他要修改的部分無關緊要，客戶並不在意。

　　這是讓人平庸的毒藥，是我們成為真正優秀人物的障礙。對於一個希望從事管理工作的人來說，重要的並不是獲取多少知識，而是開發自己的思維能力，尤其是決斷性的思維。它是優秀管理者的必備素質，也是那些卓越人物能夠駕馭一支優秀團隊、掌控複雜局勢的保證。

　　致命的「思維搖擺症」在破壞你的工作之餘，還會把你的生活搞得一團糟。作為一名企業家，優柔寡斷實在是一種致命的弱點。它一旦植入人的頭腦，我們的毅力、意志和處事的效率都將變得低下。當你羨慕那些在優秀的企業執掌牛耳的卓越人物、嘆息自己為何沒有這種機會時，有沒有想過這種思維的弱點是否正附著於你的頭腦、裂解你的心肺，並且無時無刻不操縱著你的肢體呢？思維的決斷是如此重要，一旦出現問題，它不但可以破壞你的信心，還會吞噬你精準的判斷和行動能力，讓你的人生從此停滯。

　　處理事務的效率決定了我們的位置。

　　有句話說：「位置決定格局。」站得高看得遠，但怎樣站到那麼高的地方，才是在頂級思維中首先要考慮的問題。可惜的是，人們都在追求更高的位置，卻很少思考在一個「自系統」中獲得優越位置的前提條件。它不是靠花錢買來的，也跟人脈無關。這個秘密就在你的一言一行中，是由你的思考和做事的效率

決定的。

有好多企業家習慣了把權力握在自己手中,但又沒有果斷的決心與勇氣。他們是會議室中優柔寡斷的「話事人」,是談判桌上猶豫再三的「徘徊客」。用我的朋友賓夕法尼亞大學的心理學教授羅甘的話說:「他們用蝸牛的大腦管理巨額的資產,誰知道明天早晨會發生什麼呢?」反應速度下降是優秀人物不允許的,他們總能用最快的時間做出決斷,決不會耽誤半秒鐘,這正是你要認清的。比如賺錢的機會,它瞬間閃現,又稍縱即逝,需要你在它出現前就做好準備,然後抓住時機果斷出擊。

你能想到大眾想不到的東西嗎?

有一些世界級企業的創始人在別人看來非常幸運,比如約翰‧洛克斐勒。他運氣真好,在自己的煉油廠最困難時得到了鐵路大王范德比爾特的垂青,從此財運亨通,迅速崛起並成為美國首富。然而,這並不是天上掉下來的餡餅,也不是上帝給予他的恩賜。這只不過是洛克斐勒提前想到、看到了大眾沒有意識到的東西──當別的企業家還在瘋狂投資鐵路時他就十分清楚地看到,石油才是美國經濟的未來,而煤油則能為他帶來源源不斷的現金。

超越現實,看到未來。這是一種異乎常人的思維品質,是優秀群體中的極少數翹楚才具備的本領。科斯塔說:「大眾的思維被困在自己的視力所及範圍之內。如果說魚的記憶只有 7 秒鐘這種理論是對的,那麼大眾思維的視野就只能按小時計算。多數人

無法思考 100 個小時以後的問題,無論多麼重要,人們的選擇總是傾向於『到時再說』。」既無法看到趨勢,又不能果斷地做出最具效能的決定,就像諾亞不明白我為何準備在價格飛漲時拋掉股票,和卓越人物相比,大眾的行為模式就是這麼簡單。

思維決定社會地位

對多數人來說,社會地位的真相是殘酷的。人們期盼社會地位的變動性越來越強,但這種變動會讓人看到和感受到很大的落差。根據一種全球通用的說法,社會地位被定義為人們擁有財產的多少和職位的高低,由此劃分為高、中、低三個層級。大企業的 CEO 們當然是社會地位高的人,這些企業的中層幹部和掌握一定技能的知識群體也一同當仁不讓地站到了中等社會地位的樓梯上,而你——或許只能再往下降一步,站在低社會地位的人群裡。這種由財產、知識和權力的多寡來進行區分的方法看似清晰明確,實則掩蓋了社會地位形成的真正原因。

我認為,社會地位變動的本質是思維的較量。一個人的社會

地位是由他的思辨能力決定的,而不是財富和職位。

同時,這種思辨能力帶來的社會地位又具有一定的遺傳性,因為它會在後天的思維訓練和提升中悄悄影響人的基因——行為的、家庭的、心理的乃至生理的。其次,人的思維方式也會通過教育和環境遺傳下去。這就是為什麼社會地位高的人的孩子大多數仍然社會地位很高,而社會地位低的人的孩子有很大概率繼續固守低社會地位的原因。當你從思維的層面看待這種差異時,你會發現即便他們的父輩在財富身分上發生了置換,也不影響後代的這種屬性。

■ 你為什麼社會地位不高

除了變得富有,你還要改造「經常給自己帶來麻煩的頭腦」。處理複雜的生活和工作問題,有很多非物質的能力需要你去學習,而不是把眼睛盯著怎麼支配別人或者如何去賺更多的錢。錢非常重要,但它不是決定性的。就像可口可樂公司的老闆隨時能夠放棄自己的全部財產、工廠和現金,只要他保留自己的品牌——這個偉大商業創意的結晶,就可以隨時捲土重來。

這就是社會地位高的人的思維本質。他們不在乎眼前的利益,而是看重長遠的發展,並能洞察對自己的命運真正重要的東西。你為什麼社會地位低呢?因為你長時間信奉的是金錢決定命運。想讓自己具備更高的社會地位,方法只有一個,訓練自己的思維,讓頭腦變得卓越而強大。

頂│級│思│維

■ 提高自己的思辨能力

思辨能力的深度和廣度決定了一個人今後的社會地位。從他出生起，頭腦中就植入了一顆思辨的種子——它隨著人的不同選擇、磨練和視野的開拓不斷累積自己的能力值。普通人在 18 歲至 30 歲之間，會第一次思考自己如何才能獲取成功，成為高社會地位者的一員。也就是此時，他也會明顯地感受到自己的思辨能力受到某種局限。

而對不少人來說，可能終生都擺脫不了下面這些毛病：

喜歡內鬥：走到哪裡都喜歡拉幫結派，工作中是出了名的內鬥高手。

經常抱怨：很少反省自己的問題，而是怨天尤人。

死要面子：虛榮心強，不真誠，不實在，事事以虛偽的態度對待。

不接受批評：你休想批評他，他只接受人們的讚揚。

敏感而自卑：心胸狹窄並且敏感，很容易因很小的打擊失去自信。

目光短淺：經常高談闊論，實則沒有長遠眼光。

懶於行動：即便偶爾有不俗的見識，也懶得去做。

非此即彼：思考任何問題都是傾向兩種極端，不是神聖化，就是妖魔化。

這些就是思辨力差的表現。它們多數出現在低社會地位者的身上。許多有錢人因為改正不了上述缺點，賺來的錢也會在自己

成功緣於多想一點　CHAPTER 1

錯誤思維模式的主導下慢慢流失。這是一個人向上爬升或向下跌落的根本原因，一個缺乏思辨能力的人，給他一萬億美元也留不住，因為他的思維能力會出賣他。

他們都是行動狂

　　人們都有夢想，但一不小心就會變成空想。就像我在年輕時希望自己成為世界自行車大賽的冠軍，最後卻只收藏了幾輛騎手的自行車了事。這是夢想，沒有實現是我缺乏足夠堅定的行動力。我的一位朋友告訴我，他大學時的人生目標是創建一家類似標準石油一樣的商業帝國，但他現在只是一家拍賣公司的副總裁。這是空想，因為今天已經沒有了洛克斐勒式擴張的戰略和壟斷思維的生存空間。

　　「夢想」和「空想」都是我們在全心地渴望某個結果能夠變成現實。兩者唯一而且最重要的不同是可行性。對，就是「可行性」──這是多麼重要的一個詞語，就是它決定了成功者和失敗者的致命區別。事實上，「應變」思維的最大標誌並不是「對成

功有最熱情真誠的渴望」，而是「善於分析做什麼是有可能成功的」。

■ 空想家的三個特徵

科斯塔曾經在自己的一篇財經報導中對特斯拉汽車公司的CEO伊隆‧馬斯克無不嘲諷地形容：「這位害怕機器人和外星人的『矽谷鋼鐵人』每天都在媒體上曝光，時不時地給人們講點兒『笑話』——雖然在他看來這都是值得一做的正經事。」

大眾之中從來不乏「空想創業家」——這是我給無數普通創業者的定義。雖然人人都希望自己可以憑藉一個偉大的目標改變命運，成功地拿到「獨角獸俱樂部」的入場券。但是，凡是那些認為自己擁有一個「必勝構想」的人，都沒有成功地轉化為行動，創辦一家成功的公司或者在某個平台實現自己的夢想。就像諾亞和阿克曼一樣，他們這樣的人有成千上萬，就在你我之間。

我在回覆科斯塔的郵件中說：「這是我們多數人的宿命——成家立業，日復一日地奔波於家和單位，停止成長，停止探索，停止野心和卓越的實用主義，然後開始抱怨。抱怨者擠滿了街頭和每一棟樓房，卻很少嘗試改變現狀。他們都有一個夢想，但很少為之努力，甚至不再希望生活發生點什麼了，對待工作最大的期待就是不犯錯誤，安穩地拿著目前的薪水等待退休。」

為什麼人們逐漸呈現出「內心狂熱卻行為麻醉」的狀態呢？

成功緣於多想一點 CHAPTER 1

　　因為頭腦中的大眾思維使人們完全不想承擔風險。人們平時用大量的時間維護人際關係，想讓別人喜歡並贊同他的想法。他觀察別人比認識自我的時間更多，並且想真正融入更多人的世界，而不是塑造自我。這是大眾的基本特徵之一。因此人們最終失去了自我，昨天的夢想也變成了今天的空想。

　　為鋼鐵大王安德魯・卡內基撰寫傳記的作者納沙曾經這樣評論像卡內基那樣的人物與普通人有什麼不同：「安德魯無數次被自己的宏大計畫逼得無路可走，站在懸崖邊上，但他從來沒有害怕過失敗。他從不會擔心地說：『萬一事情不如計畫的預期怎麼辦？』或者對計畫的成功表示憂慮地說：『成功後我沒有能力掌控怎麼辦？』不！安德魯對任何事都胸有成竹。他願意為了實現目標承擔巨大的風險，哪怕是家財散盡；他不惜一切代價實現夢想，所以安德魯成功地躋身為美國那個時代的『三巨頭』之一。但是，普羅大眾思考問題和對待夢想的方式是完全相反的，他們永遠把害怕寫在額頭上，就像每個人都在對別人暗示：『你能不能幫幫我？』這既可悲，也不奇怪。如果你問我為何能夠影響世界的偉大人物是如此之少，這就是原因。」

　　所以，當一個成功的企業家走進辦公室，準備開始一天的工作時，他會區分誰是真正的人才，誰是公司裡的空想分子。

對自己要做的事情並不真的充滿「熱情」。

　　空想家會告訴你他正在準備一項了不起的事業，比如投資一個項目，開一家公司，或者應聘某個薪酬待遇極高的職位。總

之,他有一個計畫,也對自己所要投身的行業充滿了熱情。但是,當你繼續深入地了解(與之交談)時,你卻很少聽他說到更加具體的細節,他可能只是有興趣而已,而不是熱愛這個東西。真正的成功人士對於自己的夢想是充滿巨大熱情的——是他一生的最愛,就像我們在賈伯斯、祖克柏等人身上看到的一樣。

一個人如果對於自己的工作並不能做到百分之百的篤信和飽含激情,又怎麼要求別人用百分之百的信任回饋他呢?

在一次培訓中,我曾經問一名科技企業的總裁馬卡先生:「假如現在你擁有了這個世界上最多的財富和無人匹敵的地位,你還會專注地發展自己的企業嗎?」

馬卡毫不猶豫地回答:「不會。」

我說:「那麼,請你現在就退出自己的企業吧。因為你對它並沒有投入真正的熱情,而是背負著一些不情願的負面壓力在經營它。現在退出,你可以節省大量的時間和金錢,去尋找你真正喜歡做的事情。」

在我看來,那些成功地將企業發展成一家卓越公司的 CEO,他們必然對自己的商業模式有著無比的激情和熱愛,並準備讓這種夢想通過自己的努力得以實現,同時將這種商業模式推廣到全世界,哪怕付出巨大的代價(成為傷痕累累的探路者)也在所不惜。對空想家而言,他們沒有這種熱情——有的只是一種成為企業家的欲望。僅此而已。

很喜歡論證,但絕少採取行動。

成功緣於多想一點 CHAPTER 1

不管夢想還是空想，採取行動才是關鍵。行動是兌現思考成果的唯一方式，也是精英們最信奉的人生信條。但對空想家來說，行動如同藏在口袋裡羞於見人的寶貝。他們很喜歡討論自己的想法，去和任何人論證一個目標的可行性和實現的方法，但你很少看到他採取切實的行動。

空想家們懷揣信念，一如站在曼哈頓大街上眺望紐約證券交易所大樓的無數年輕人一樣。他們為此思考了很多，也已經準備好了，但是總覺得還有些東西不符合自己的期望。於是，他們遲遲不邁出實踐的那一步。有夢想並且實幹的 CEO 們都是說到做到，勇於行動的；空想 CEO 們則永遠只說不做，一直等待心目中的理想條件——但這是不可能的。沒有什麼環境是絕對令你滿意的，就像本書也不會為你做好一切成功的準備，也不可能完全迎合你的期望及目標。所以，如果你想從萬千大眾中脫穎而出，就必須用實踐驗證夢想，用行動衝破階層間的屏障。

有完美主義情結，卻只想走「捷徑」。

多數中小企業的管理者在某種程度上都對未來有著不切實際的空想——越是距離目標尚遠的人，其思維就越有完美主義的一面。他們對工作要求太高，對員工要求太嚴，對自己的未來設想得過於理想化。普通人對於財富總有一種不切實際的期望，試圖尋找最快獲得財富的方式，因此思維脫離現實，做計畫時總把各方面的條件設想得完美無缺。可當他真的想做時就會發現，現實並沒有這樣的捷徑。

你必須明白自己需要付出多麼不菲的代價才能實現夢想。在獲得成功之前，你不可能發現捷徑的存在。只有在頭腦中去除這樣的企圖，願意用扎實而漫長的行動獲取成就，你才能在思維層面跟上成功人物的步伐，實現自己的夢想。

■ 夢想家首先是「行動派」

普通人大多在悶頭空想，而實幹的夢想家卻在悄悄行動，每一步都快速到位、精準高效。為了讓自己擁有這樣的風格，你需要為「充滿夢想卻有點倒楣的自己」做些什麼？

在澤西市擁有一家食品公司的艾達‧耶塞皮卡 2013 年夏季到華盛頓拜訪我，邀請我去他的公司看一看，替他出謀劃策。他向我諮詢的第一個問題是：「為何公司成立兩年來，我當初制定的目標沒有一個實現？」耶塞皮卡從父親那裡繼承了一家規模很小的食品作坊，隨後他投入 25 萬美元升級了生產設備，改善了衛生環境，成立了正規的食品企業。在企業成立之初，耶塞皮卡定下了兩年內年均銷售額突破 300 萬美元的目標。不僅要在紐澤西打開銷路，還要遠銷美國各個州。

如今兩年過去了，他的食品公司依舊不死不活，和剛成立時沒什麼兩樣。耶塞皮卡十分鬱悶，他認為自己已經談論得夠多了，不想再糾結增加多少設備、人員，設立多少連鎖銷售店這樣的技術性問題。重要的是他覺得整個公司都沒有意氣風發的奮鬥精神，員工對眼前的狀態並不滿意，可卻沒有拿出為前程努力的誠意。

成功緣於多想一點 CHAPTER 1

從澤西市回來一周後，我給他寫了一封郵件，希望自己的點撥可以讓他領悟到應該堅守並努力踐行的原則：

尊敬的艾達先生，為了能夠實現夢想、發展企業以及取得最終的成功，你正在經歷一場情緒的雲霄飛車。這的確讓人同情，但我一點也不意外。當你感受到沮喪或者絕望時，有沒有想過自己為此做了什麼呢？制定目標僅僅是一個喜悅的開始，如果你不對自己擁有的資本做出足夠的改變，為企業可以實現這樣的突破而付出自己的行動，你將很難到達成功的終點線。

從今天開始，你一定要培育自己的行動力。事實是你在辦公室坐得太久了，我發現你一天的時間有6個小時都待在那個封閉的冷氣房裡紙上談兵。如果你還想談論你的夢想和你的目標，那麼你必須改變這種欲望強烈卻什麼都沒做的狀態，在員工行動之前就邁出自己的第一步。比如，你是不是應該先改善一線銷售人員的薪資待遇？他們是你完成此目標的第一助力，是公司最寶貴的財富。你可以讓父親為你感到驕傲，讓員工為你的雄心壯志折服，但首先不能讓自己毀了你的夢想，其次才有機會將食品賣到全美各地。

我告訴耶塞皮卡，他必須行動起來，用行動證明自己的判斷是正確的，用行動實現夢想的價值，並讓對手對自己產生畏懼，讓家人從他這裡體會到安全感。除了行動，沒有任何方式可以挽

救他和他的企業，也沒有人會主動幫助他。一心依靠別人把自己扶起來，本身就是一種弱者思維。

像耶塞皮卡一樣空有遠大的夢想但缺乏行動力的人實在太多了。不過，只要你認識到自己在行動方面的缺陷，採取有效的步驟加以改善，即便不會成為那些能夠管理一家偉大企業的領袖級人物，也能夠保證自己的事業立於不敗之地，和大多數人區分開來。

第一步，確立夢想。

你的夢想是什麼？這是你要解決的第一個問題。為自己確立一個可以熱情投入而又不乏挑戰性的具體目標。夢想可大可小，但都必須是具體和可實現的。比如「我想成為財經領域的評論家」，而不是「我希望能操控所有人的思想」。前者既具體又有可實現性，後者卻是毋庸置疑的空想。

第二步，想像成果。

對於夢想達成後的結果要有清醒和可以量化的認識。比如——「我成為財經領域的評論家後，既提升了知名度，又提高了自己投資理財的能力。」達到目標以後，將如何從中獲益？第二步解決的就是這個問題。

第三步，分析障礙。

這是最為關鍵的一個步驟（大眾思維會選擇性地忽視它）——實事求是地分析。結合目標，對比分析現狀和環境因素，找到阻礙自己實現夢想的一切不利因素：

自己距離實現目標有哪些能力上的差距？

當前環境是否有利於自己？

在實現夢想的過程中可能遭遇哪些挫折？

自己的身體與精神狀況（意志力）是否能夠堅持下去？

這些障礙中的每一個細小的因素都可能殺死你的夢想，讓你功虧一簣。比如──「我需要了解財經領域，但我目前對它一無所知；我口才不好，可能上不了電視節目；我情緒不穩，有時喜歡發脾氣；我判斷力差，對金融市場甚至整個經濟環境的洞察力較差……這些都是我實現目標的障礙，因此我不能輕舉妄動。」分析和找到障礙，然後制定有效的應變舉措，是夢想家變身為行動派的重要一步。

第四步，制定計畫。

在前三步的基礎上，我們就可以制定詳細的行動計畫了。你一定要運用「假如遇到了某障礙，我就採取某行動」的形式，有針對性地解決上述全部的不利因素。你要有解決方案，還要有備用計畫，做到未雨綢繆。這是成功者的優異品質，是卓越人物最喜歡做的事情。他們討厭阻礙自己前進的不利條件，但絕不會像鴕鳥一樣無視它們，而是走過去，一個接一個地把它們消除掉。

所以，成為一名優秀財經評論員的計畫應該是這樣的──「我每天拿出三個小時的時間來研究財經領域，閱讀相關書籍；報演講培訓班提高自己的表達能力；參加戶外拓展訓練提升自己的意志力；通過聽音樂等方式，讓自己成為一個情緒穩定的人；

仔細觀察經濟形勢和金融市場的變動,努力找出其中的規律。」在你解決問題之時,就是夢想實現的過程。這就是「付諸行動的思考」為你的人生帶來的改變。

真正要解決的問題是你要讓自己的大腦先行動起來,成為一個精明的分析家,不要再待在那座一無所知的小房子裡。你要知道自己距離夢想存在多大的差距,還需要做什麼,同時對最後的結局保持樂觀;你也要明白在遭遇挫敗時該怎樣行動。下面是我根據自己的經驗列出的一個簡單的行動清單。

★寫下一個你很想實現的夢想。

夢想要十分具體、具備一定的難度並且可以衡量。

我的夢想是＿＿＿＿＿＿＿＿＿＿＿＿＿＿＿＿＿＿＿＿

★寫下你將如何從實現的夢想中受益。

它為你帶來的好處,至少寫出兩條。

1. ＿＿＿＿＿＿＿＿＿＿＿＿＿＿＿＿＿＿＿＿＿＿＿

2. ＿＿＿＿＿＿＿＿＿＿＿＿＿＿＿＿＿＿＿＿＿＿＿

★寫下你實現夢想面臨的障礙。

至少要寫出一方面差距和三種可能遇到的挫折。

差距:＿＿＿＿＿＿＿＿＿＿＿＿＿＿＿＿＿＿＿＿＿

挫折 1.＿＿＿＿＿＿＿＿＿＿＿＿＿＿＿＿＿＿＿＿＿

挫折 2.＿＿＿＿＿＿＿＿＿＿＿＿＿＿＿＿＿＿＿＿＿

挫折 3.＿＿＿＿＿＿＿＿＿＿＿＿＿＿＿＿＿＿＿＿＿

成功緣於多想一點　CHAPTER 1

★制定詳細的行動計畫。
　我將這樣彌補差距：_____
　我將這樣應對可能發生的挫折：_____
★計畫寫好後，請把它貼到自己每天都可以看到的地方。

多想一點，在複雜情勢中脫穎而出

在投資活動中，為了持之以恆地獲得優異的回報，你必須成為第二層次思維者中的一員。

——霍華德・馬克斯

1995 年，66 歲的霍華德・馬克斯和朋友一起創建了美國橡樹資本管理公司。截止到 2015 年的 6 月 30 日，資產規模已超過千億美元，個人財富高達 180 億美元。他在全球享負盛名，以評估市場機會和金融風險而聞名遐邇。現在，他是華爾街最受尊敬的人之一，每個投資者都希望從他那裡獲得指點，提升自己的投資能力。

但大部分人可能並不知道的是，馬克斯最擅長的並非評估金

融風險，而是判斷由人的思維與行為模式的不同導致的市場機會。他說：「我相信成功取決於諸多的因素。其中有一些是我們可以自己把握的，可還有很多因素超出了人的掌控。當然，毫無疑問的是，周密的計畫以及持之以恆的辛勤工作永遠是不斷取得成功的必要條件。」

運氣也很重要嗎？的確，馬克斯也承認運氣有不可捉摸的價值。沒有好運，最聰明的頭腦和最辛勤的企業家都難以取得持續的成功。運氣總是偉大智慧的補充，這一點顯而易見是成立的。推特的創始人多西在談到人的成功要素時，亦把運氣列在其內。不過，把全部身家都押在運氣上的成功者，至今我們還未在世界上看到。與其每天都企盼好運的到來，不如像馬克斯那樣研究人的思維和行為模式。

兩年前，一家設在波士頓的全球性的投資公司（主權財富基金）請我向其管理團隊講一講怎樣造就一個卓越的領導機構，通過提高企業管理者的領導力來進一步拔升投資效益。我告訴他們：

第一，你需要為企業建立明確的投資信條。通俗地說，作為管理者你堅信的原則是什麼，以及為此制定的投資流程是否適合企業的發展？

第二，你所帶領的企業最主要的目標是什麼？

第三，你怎樣定義個人與企業的成功，為了實現目標你願意承擔多大的風險？

成功緣於多想一點　CHAPTER 1

　　總而言之，企業家要時刻讓自己做得正確——運用正確的頂級思維，比我們找到方向更為重要，這決定了我們能否避開不可承受的犯錯風險。

　　正如同馬克斯的觀點——每個人都希望自己在慘烈的「資源競爭」中有出眾的表現，成為最後的贏家。頂級思維的最大特點，就是保證了一個人在複雜的變化中可以做出比別人更正確的選擇。它從行為模式上對人進行改造，讓人先做出偉大的行為，再成就偉大的結果。大眾思維則建立在概率、規律甚至從眾的基礎上——看起來是「常識中的正確」，最後卻會產生「恐怖的偏差」。有一個北京的股民就困惑地對我說：「我完全按照規律炒股，為何賺不到錢？」

　　這是一個「正確的傻問題」。在股市中賺錢的人總是少數的，就如同「獨角獸」級別的人物也是少數的。這是源於行為模式上的差距：「看似正確」不等於「一定正確」；同時做一件事情的人越多，人們從中得到的成果就越小。所以，基於頂級思維而產生的行為模式經常是「反常識」的，但一個用大眾思維思考的人則很難跳出來，走向大眾的相反方向。

■ 你要敢於與眾不同

　　這些年來，我經常問別人這樣的問題：「如果我雇傭你做我的投資經理，並擬定這樣的條款——四個季度後你取得的投資回報處在市場後面80%的位置，你將沒有任何報酬，只能拿到每月

3,000美元的基本工資；但如果你進入了市場前面20%的位置，我支付你投資回報的50%作為酬金。請現在告訴我，接下這份工作後，你需要做的第一件事是什麼？」

這是一份極具冒險性的工作。我希望每個人都給出成功的先決條件，但沒有人可以正確地回答這個問題。我想告訴他們的是，假如你做的事情和其他人是一樣的，那麼你幾乎沒有成功的任何可能，至少你很難從與強者的競爭中脫穎而出，站到羅傑斯或者巴菲特那樣的位置。

你要敢於與眾不同。比如，為了成為20%的市場贏家，就必須和那80%的投資者保持距離，在思維形態與投資策略上與他們形成本質的區別。比如，你要構建一個與絕大多數的投資者都不一樣的投資模型，要選擇稀有的股票，要買入大眾都未發現、不看好或覺得風險太高的資產，避開多數人眼中的「市場寵兒」，抓住稍縱即逝的時機，在市場中專注地做好正確的事情——而不是看似正確。

這絕非易事。多數情況下，人們總會選擇「大家都在幹的事」。所以只有馬克斯這樣的獨具慧眼的投資家才能發現市場中最能孕育成功的閃光點，然後伸手過去，把它揣進自己的口袋。橡樹資本的成功投資很多都來自「購買無人問津的困境債務」，這種與眾不同的投資行為讓市場感到訝異：「你不想活了嗎？」陷入困境的公司在市場上是人人跳開走的「雞屎股票」。可結果證明馬克斯的選擇是正確的。

成功緣於多想一點 CHAPTER 1

比如，馬克斯在 1988 年就組建了自己的投資公司。他的投資對象恰恰是一家瀕臨破產的公司的債務。這種行為使他很難籌集到資金，多數人都是從眾思維，他們從這樣的投資中看不到必勝的希望；他們需要規避風險；他們渴望絕對盈利。但馬克斯卻淡淡地說：「正因為人們視之如棄兒，困境債務的標價才會低於其應有的價格，所以才有機會獲得較高的回報。我知道他們不願意想這個問題。」

站在價格的角度上思考，難道正確的做法不應該如此嗎？

■ 你要給自己犯錯的機會

在偉大人物的眼中，只有一個成功原理是確定無疑的，那就是「阿爾法係數」——出色的洞察力和分析技巧，可以幫助人看到本質，找到那些隱藏在表象背後的力量。目的並不是最主要的，「如何達到目的」才是他們關注的重點。這種出眾的思維技能和行動策略是極其少見並且難以掌握的，無論環境怎樣變化，他們都能通過極高的決策正確率和行動的效能獲得預期的收益。

馬克斯回憶自己在 1968 年初到花旗銀行工作時，提出的口號是「膽小難成大事」。優秀的投資經理不屑於採取穩健的投資方式，傳統的投資思維固然可以勝多負少，但贏到手的未必就多。他說：「試圖避免所有的損失總會帶來嚴重的後果，因為這同樣可能讓你沒有收益。」敢於試錯，就是一種出眾的思維技巧和行動策略。要敢於冒險，並在冒險中使自己成長。只有具備這

041

種優於常人的思考和行動能力，你才可以識別機會——大多數人看不到的「盈利點」，知道何時冒險能夠獲得回報。

就像投籃一樣，有的籃球選手在比賽中感覺自己手感不好，於是整個比賽過程中都很少出手，結果導致了球隊失利，這是一個典型的例證。任何人都不想失敗，但如果不冒失敗的風險，你一定不會成功。所以，你在嘗試實現卓越的突破時一定要接受犯錯和失敗的可能性。因為既想獲得非凡的成就，又不想承擔風險是大眾思維的體現。

大眾總在追求「不對稱性原則」。越是碌碌無為之輩，就越堅持投資經營中的「不對稱性原則」——想獲得巨大的回報又不必承擔相應風險。比如炒股，只想受惠於價格的上揚，不想承擔價格下跌帶來的損失，最好永遠能夠安全離場。一旦有風吹草動，他就會焦慮不安，不敢冒險，也不能接受一絲一毫的損失。我曾見到過不少股民賠錢之後跑到交易所大吵大鬧，充分體現了這種本能式反應的大眾思維的行為模式。

勇於試錯的前提是你有能力承擔損失。不錯，我們要給自己冒險的機會，用試錯的方式避免錯誤，取得成功。因為避免遭受任何損失的做法很可能導致我們無法實現成功的目標。不過，你必須判定自己有能力承擔可能遭受損失的風險，對此要有理性的認知，而不是盲目輕率地認為「任何錯誤自己都可以背負」。

成功緣於多想一點　CHAPTER 1

■ 你要「不怕出醜」

布雷克是 20 世紀 70 年代最優秀的棒球手之一。他有一句名言：「假如你能告訴我誰最害怕出醜，那我就能告訴你誰每次都會被打敗。」他解釋說，在比賽中為了防止優秀的跑壘員搶壘，投球手可能需要連續十幾次把球投向壘包來讓他接近壘包，而不是投向擊球員。投球手會由於這樣的行為被觀眾嘲笑——看起來就像一個膽小鬼。但是，布雷克認為最容易被擊敗的對手恰恰是那些害怕被嘲笑的投手。

一個害怕出醜的人註定要失敗，不管他是企業家、管理者還是從事其他工作的人。為什麼要「不怕出醜」？因為看起來是丟人現眼的行為背後，隱藏著的卻是堅持不懈的努力以及為長遠的、整體的目標做出犧牲的宏觀視野。這恰恰是我們身邊的普通人不具備的。

■ 頂級思維和大眾思維的「行為區別」

馬克斯所說的「第二層次思維」就是屬於優秀人物的頂級思維，與此對應的是「第一層次思維」——固執守舊的大眾思維。知道兩者的區別並聰明地讓自己上升到第二層次，正是本書希望幫你做到的，儘管它不可能是一個短期和輕鬆的過程。

當人的思維處於第一層次時，看待問題時膚淺而簡單：從現象看到現象，從行為衍生行為，僵硬教條缺乏變化。人人都能做到這一點，就像我們在幼稚園時的行為模式一樣，我們走出辦公

室，到熙熙攘攘的人群中看一看，差不多99%的人都在運用這種思維考慮和解決問題。他們在做出選擇時，所需要的動機也是唯一的，那就是「對於未來的看法」。

比如：

「她是個賢慧的女人，和我合得來，我應該和她結婚。」

「現在經濟不景氣，我應該多存點錢。」

「房價又漲了，我應該趕緊買房。」

「這家公司的前景很好，說明股票也會漲，我應該入手。」

當人的思維處於第二層次時，情況就發生了部分或者完全的變化。因為這時他會考慮許多複雜、深層的東西。面對同樣一件事情，優秀人物與大眾看到的可能截然不同。在這些不同中，我只需要簡單羅列一下思考與行動的關鍵要素，你就會恍然大悟，體會到兩者的差距。

——未來很重要，但未來可能出現的結果都有哪些？

——我的判斷有幾成勝算？

——我的預期是什麼？

——我的預期與別人（大眾）預期的差別是什麼？

——如果我是錯誤的，將發生什麼變化，對我有多大影響？

這體現了兩者有相當大的思維工作量的差別，它是頭腦、經驗、知識和意志力的比拼。因此，能夠進行第二層次思維的人少之又少。當你擁有了這種第二層次的頂級思維後，你就不會再簡

成功緣於多想一點　CHAPTER **1**

單地追求結果和標準答案,而是能夠分析事物的內涵和掌握成功的基本規律——這些東西並沒有寫在教科書上。

為了取得非凡的成績,像優秀的企業 CEO 或其他成功者一樣在某些領域取得領先的優勢,你必須先問問自己是否有比大眾思維更加深入的思考,是否具備第二層次思維的能力,是否對現在和未來擁有正確的和非常識性的預測。你要能夠突破大眾的常規思維,建立獨立的和卓越的行為模式,堅持信念,然後讓自己的內在變得「與眾不同」。

■ 像「獨角獸」一樣思考

從普通人到「獨角獸」,秘訣就在於思維方式。像「獨角獸」一樣思考,像他們一樣採取行動,你就有機會取得成功。最近幾百年來,人類一直在總結和探索更為有效的思維和行為模式——應該怎樣看世界,如何思考、解決問題。

那些帶領世界 500 強企業的頂尖領導者究竟與普通人有哪些不同的思維習慣和行動策略?他們總是可以做出正確的決定,為什麼?我們知道,比爾‧蓋茲在少年時代就沉迷於電腦軟體,後來他大學沒畢業就創立微軟,開發出了至今仍壟斷全球市場的「視窗作業系統」。安德魯‧卡內基沒有受過多少教育,13 歲就到雜貨店打工養家糊口,但他後來成為在經濟上「造就美國」的人。像蓋茲和卡內基這樣的偉大人物當然有某些過人的技能,比如「寫軟體代碼」和「簿記員的本領」。不,事實並非如此。他

045

們不是超人,不靠好運氣,也並非天賦異稟,重要的是他們的思維方式——將自己「普通人」的身分改造成了「高成就者」。如果你願意,你也能夠做到,我們每個人都可以。

「獨角獸」對事物擁有「高專注力」。

一旦找到了方向,他們總是可以做到專注——心無旁騖地做自己既定的工作。我們把這種本領定義為「篤信型思維方式」,他們是該行業的佼佼者,也早晚會成為引領潮流之人。因為他們從不懷疑自己做好這件事情的決心,這是他們的信念。

東芝公司的 CEO 田中久雄說:「工作就像射箭,要全神貫注於不遠處的靶子,把其他所有的事情拋到一邊,別受任何雜念的干擾。」他認為專注可以幫助笨人戰勝聰明人。當一個人集中全部注意力時,不管做什麼事情都會有最大的成功可能性。相比之下,心神不寧的聰明人由於同時關注的目標太多,很難在這種思維的競逐中取得勝利。後者往往是大部分人的生存狀態。你在做事時想得越多,成功就離你越遠。

「獨角獸」喜歡壓力——壓力是他們的情人。

我在採訪華為公司的一名副總時,他做了一個形象的比喻:「我熱愛工作的理由之一,就是那種分秒必爭的緊迫感。壓力讓我沉醉,她是我的情人。面對一件不能讓我緊張起來的事情,我無法想像自己會有多大的興趣。我可能轉身就走。」

壓力讓普通人更加庸碌無為,卻讓那些精英更加出色。壓力壓垮了一大部分人,也成就了一少部分的人。你可以讀讀那些卓

越企業領導者的奮鬥經歷，他們無一不是從緊張到窒息的高壓中殺出來的。高爾夫球王伍茲說：「當有一天我走向第一個球座時沒有感到緊張，我就該退出這項運動了。」只要是有意義、有難度的工作，都會對人產生壓力，問題是你能不能頂住壓力。

「獨角獸」創造性地思考世界。

他們使自己盡量地異想天開，用與眾不同的眼光觀察和思考這個世界。當其他人（大眾）在一旁觀察他們時，做出的反應經常是搖頭、不解甚至鄙棄，但他們用自己的行動和結果證明了一個事實——未來總是由「能夠創造性思考的人」創造的。

美國運通公司的 CEO 肯尼斯・謝諾說：「什麼是競爭？我認為沒有明確的定義。從現在起，本土的、世界的一切競爭都將會變成關於創意和非傳統思維方式的競爭。誰掌握了創造力，誰就贏了全球市場。」謝諾曾經用美國取代英國成為世界霸主的案例教育下屬。他認為美國不是贏在了強大的工業實力和出色的戰略技巧上，而是贏在 19 世紀末和 20 世紀初湧現出了一大批富有創新精神的精英人才，正是這些具備創新思維的偉大人物集體推動美國走上了新霸主的寶座。

在一次培訓中，我對深圳一家公司的運營總監說：「你想學賈伯斯嗎？沒有一個異想天開的夢想，你就只能跟在別人身後亦步亦趨，永遠做不出『不可思議的成就』。」賈伯斯的思維不是學出來的，而是結合自身創造出來的。你要有一種創造的感覺——創造夢想；創造目標；創造團隊；創造成功。用創造性的

思維分析這個世界,你一定能找到突出重圍的機會。

「獨角獸」永遠充滿自信,哪怕身處絕境。

他們不在乎批評自己的人;他們低頭做自己的事情,不會對外界的流言蜚語有絲毫的在意;他們對自己信心十足,從不懷疑,即便身邊的很多人都已經失去信心時,他們仍然是那個繼續戰鬥的人。這是真正的自信——了解自身的潛力,理性而樂觀地看待自己的能力。這種本領會督促和激勵他們排除一切障礙,想到解決問題的辦法,擺脫絕境並取得成功。

當然,自信心從來都不是成功的保證,但卻可以極大地增加成功的可能性。任何一種「可能性」都令他們興奮,卻讓大眾憂慮而且退縮。這就是兩者的差異。頂尖人物追求的是「從容地掌握局勢」,而不是一定能夠成功。普通人卻希望「勝利可以唾手可得」,這就太難了。所以,假如你希望有一種方法能夠讓你離成功更近一些,從現在起你就應該明白並記住這個道理:信心不是決定性的,但永遠都是成長為卓越人物的必要條件。

CHAPTER 2

科學
拆解問題

常識一定是正確的嗎
人們為何不願面對問題
將問題簡單化
用逆向思考解決問題

為何同一個問題,你看到了危險,有人卻看到了機遇?一些很簡單的「問題」殺死了大部分人,讓你苦苦思索沒有頭緒,但另一些人解決起來卻並不難。原因在於聰明的人都能辯證地看待和分析問題,並且能用最短的時間找到答案。

看到硬幣的另一面

看待任何事物，我們都會發現有不同的角度。角度不同，看到的問題就不一樣。科斯塔在參加完一次對奇異公司高管的訪問後對我說：「掌管奇異帝國的伊梅特最了不起的地方在於他可以隨時變換自己的思考角度，即便最簡短的一次談話，他也能兼顧到一個問題的各種可能性。總之，伊梅特可以看到藏在角落裡的『灰塵問題』，並從中找到切入的契機，從而把人們引入一個意想不到的世界。」

這就是反向的應變思考——對司空見慣的好像已有定論的觀點、機構、產品等一切事物進行逆向分析，反其道而行之，發現硬幣的另一面，找到解決問題的方法。反向思考的核心是自主選擇，而不是跟隨「頑固的大眾常識」。

■ 常識一定正確嗎

已經過世的保羅·紐曼是一名好萊塢明星，他既獲得過金球獎、艾美獎中的最佳男演員獎，也得到了奧斯卡終身成就獎。但他最出名的事情卻不是演電影，而是製作沙拉醬。紐曼因為堅持到任何場合都只食用由自己製作的沙拉醬而在紐約的餐飲界「聲名狼

科學拆解問題 CHAPTER 2

藉」,甚至有餐館的老闆借用這件事炒作,宣稱紐曼是他們永遠不會歡迎的客人。就在這樣的「大事不妙」的環境中,紐曼的選擇不是「改正錯誤,洗心革面」,消滅這個奇怪的習慣,而是突發奇想——他要把自己的沙拉醬送上工業流水線,裝瓶銷售。

消息一出,媒體一片譁然,食品界的專業人士也站出來進行規勸:「先生,你最好不要這麼做,因為結果會很慘。」專家們的告誡當然有其依據,當時市場上流行的各種名人產品到處都是,擺在貨架上無人購買,是典型的給消費者帶來負面觀感的食品。在普通人看來,這就是一個火坑,誰跳進來都會被燒死。因此,人們的常規反應是撤退,而不是跟進。

紐曼的回應是冷笑。他和自己的老朋友哈奇納準備了 4 萬美元的啟動資金,隨後就開始了打造「紐曼私傳」這個沙拉醬品牌的工作。出人意料的是,沒過多久,它就成為美國的主要食品品牌,年銷售額如今已高達 1 億美元。

為什麼紐曼可以成功?他說:「我們從一開始就和傳統對著幹。當專家們認為某一件事應該這麼做時,我們就跟他們唱反調。」他的思維總是不合常規,喜歡反向思考。這讓他擁有一種獨特的判斷力,不僅因此成了影壇常青樹,還在生意場上戰勝了大眾的常識和專家們的傳統見解,建立了真正屬於自己的商業模式。

重要的是——「常識一定是正確的嗎?」

當我向參加培訓的管理者們提出這個問題時,很多人迅速填寫了答案卡並舉過頭頂。現場絕大多數的支持者(86%)認為

能夠稱為「常識」的知識，必然經過了無數次的實踐論證，具備了被廣泛認可的正確性，根據常識來思考問題和看待事物，就不會出現偏差。但是很可惜，越是不容置疑的常識，有時候就越可能錯得離譜。

人們從接受教育開始，小學，中學，大學，再到碩士和博士，很多人拿到了幾乎全部學歷，學習到了淵博的知識，當上了管理者，或者開始創業，擁有了自己的公司。這時他覺得自己擁有的技能和判斷力已足夠應付絕大部分問題了。這聽起來是對的，但你有沒有想過：

—— 自己獲取的知識和常識依據有多少是模稜兩可或被加工過的？

—— 你的思維有沒有跟隨眾人進入一種被設計好的模式？

—— 你的判斷力有沒有受到專家和人云亦云的大眾輿論的影響？

如果你倚仗這些眾所周知的「常識」看待事物，分析問題，就習慣性地進入了一個邏輯陷阱。在這個陷阱中，你會想當然地認為「大家知道並且都認同」的一定是對的，不再試圖站在相反的角度觀察和分析，也不再反向推理和查找問題的另一面，甚至忘記了問一句「為什麼」。

常識並不一定是正確的。這是你要記住的第一個「頂級思維分析法」。能夠辨別並且靈活地運用常識，突破常規的限制，你才有可能發現真正的問題；誰能反常識地思考，誰就能更快地發

科學拆解問題 CHAPTER 2

現不被人知的機遇。

■ 用逆向思維發現機遇

　　江崎是日本著名的半導體專家，也是諾貝爾獎的獲得者。20世紀 50 年代，世界各國都在研究一種用來製造電晶體的原料——鍺。其中的關鍵技術是如何將鍺提煉到非常純的程度。人們認為，鍺的純度越高，電晶體的性能也應該越好。但提煉技術的進步是很慢的，無數科學家為此耗費半生，也難獲得突破性的進展。江崎在長期的試驗中也發現，提煉出最優質的鍺是不可能的，因為無論怎樣仔細地操作，總是免不了混入一些雜質，最後對電晶體的性能產生嚴重的影響。

　　試驗似乎陷入到了絕境，但江崎突然想：「如果我採用相反的操作過程，故意添加少量的雜質，降低鍺的純度，結果會怎樣呢？」他馬上大膽嘗試。當鍺的純度降低到原來的一半時，江崎狂喜地發現，一種性能優良的半導體材料誕生了。

　　走出實驗室，你會看到現實中的許多商機也是通過這種逆向思維的方式發現的。我曾經在培訓中很多次講過「鳳尾裙」和「無跟襪」的案例——成功的商人有時就誕生於一個不經意的錯誤，當錯誤發生時，他們運用逆向思維挽救了自己，順便擴大了生意，帶來可觀的經濟效益。比如，製造襪子的商家經常不小心弄破襪跟。襪跟破掉的襪子在人們的常識中失去了應有的價值，商家索性把襪跟去掉，稍作加工，反而開發出了無跟襪，成功地

創造了商機,而不是沿著常識去彌補錯誤。

對傳統習慣和常識思維保持警惕:很多常識雖然廣受認可,但並不意味著它一定就是正確的。越是人們都在讓你遵守的規則,你越要保持警惕,因為它可能讓你「泯然眾人矣」。

逆向思維催生反常識的行為模式:逆向思維引發理性思考,在看似正常的現象中尋找非同尋常的變化,關鍵在於你如何看待一枚硬幣的正反面和明白自己到底需要什麼。任何時候都要保持一種開放性的思維,不要被裝進思維的籠子,要讓自己能夠在任意一點解剖事物和分析問題。

寫下問題,才能看清問題

查爾斯・吉德林在給通用汽車公司做管理培訓時提出了一個明確的要求,他讓每一名雇員都學會「羅列問題」:「當你遇到困難時,如果能把它全面和清楚地寫下來,放到自己面前,那麼問題就已經解決了一半。」把問題寫下來的做法,就是運用清單來思考問題、看透本質的思維模式。它會幫助你養成羅列和分析問題的好習慣,對迅速找到問題的癥結是非常有利的。

科學拆解問題 CHAPTER 2

■ 人們為何不願面對問題

製作問題清單的關鍵在於直面問題。但是,願意面對問題的人為何如此稀少呢?我去很多公司探訪,發現到處都存在粉飾太平的現象。有家長春的公司專做從東北向日韓出口銅製半加工品的生意,老總許先生一邊怒罵企業的活力不足,沒幾年就會倒閉,一邊又極力地掩飾管理上的問題。當我建議他為自己列一個問題清單時,他的第一反應是:「難道您覺得我有問題嗎?」

我說:「這樣吧,兩個禮拜後你再說這句話。」

我用了10天時間考察他的企業,跑遍每一個工廠,走訪每一個部門,和超過50名的員工聊天,然後為他寫了一份清單,上面列出了企業和許先生自己存在的不少於30個問題,涵蓋了發展戰略、企業文化、薪酬體系、市場策略、員工關係、管理制度等幾乎全部的領域。一家企業染了這麼多的「病症」,不倒閉只是暫時的。我將這些紙放到許先生的面前,他只是簡單一看,臉色立刻變了。他不再理直氣壯,也沒有再說那句反問的話。

那麼,大眾人群為什麼不敢面對問題呢?

根源一:愛面子,所以逃避問題。

人都有自尊心,當自尊心達到一定程度時,就形成了面子心態。一個人愛面子,即使知道自己有責任,也不願意面對問題。多數時候,他們會死不認錯。想讓他給自己列一個問題清單,就得幫他分析問題的嚴重性,使他意識到如果繼續逃避,他連最後的一點面子可能也保不住了。

比如許先生，當我告訴他企業難以撐過下個季度時，他大吃一驚，馬上下定決心準備改變自己的管理方法。一個月後，許先生為企業準備了一份厚厚的「問題檔案」。他不希望這麼多年的心血付諸東流。

根源二：清高固執，不認為自己有錯。

覺得自己「永遠正確」的人不在少數，尤以中小企業的 CEO 居多。他們既看不到問題，也不認為有什麼問題。即便有，也是員工和客戶的錯誤。想讓這樣的人運用清單思維定義和分析問題是困難的，有時得讓事實說話——除非成為徹頭徹尾的失敗者，否則他們永不低頭。

■ 赤羽雄二的「A4 紙筆記法」

曾經在麥肯錫公司領導成立了「經營戰略」計畫的赤羽雄二對韓國巨頭公司 LG 集團的全球計畫起到了至關重要的作用。2002 年，他和別人共同創建了 Breakthrough Partners 公司，繼續從事企業管理及思維培訓方面的工作。為了幫助人們落實和更好地借助清單思考和解決問題，赤羽雄二在他的《零秒思考》一書中提供了一個非常便捷的方法——A4 紙筆記法。

這一方法所需的工具非常簡單：一張 A4 紙和一支筆。在紙上寫下眼前面臨的問題和需要辦理的事情，提供一個分析清單。它是一份分析草圖，也是一個廉價高效的思維工具。只需要一張紙，我們就能夠把所有的問題全面地呈現出來。

科學拆解問題 CHAPTER 2

赤羽雄二說：「這就像一種大綱類的思維導圖，簡便易用，既可記下待處理的問題與事項，又可助我們做到零秒思考，培養邏輯思維，理清情感和情緒。」它的好處是幫助你從宏觀上看待問題，對所有因素一目了然，根據不同的情況找出不同環節的關鍵問題，進行整理和制定解決計畫。

每張清單只有一個主題：每張紙是一份清單，只圍繞同一個主題。這樣既方便查閱，又能一目了然地閱讀該主題的所有事項。不要讓別的主題插隊，這樣可以理清你的思維。

清單應該簡潔直接：不要寫太多內容，清單上應該出現的是主題、概要和注意事項，每條資訊控制在 100 字以內。普通事項在 A4 紙上不要超過兩行，重大事項不要超過三行。

每天用 10 分鐘書寫清單：每天要拿出至少 10 分鐘的時間來書寫清單。可以在早晨，也可以放到睡前，把當天或次日要做的事情、可能遇到的問題及應對計畫寫下來，以備參考。

大事小事都列成清單：不要思考太多，比如「要不要寫下來」的問題。凡是能想到的事項和問題，不管大小和緊急及重要的程度，應該全部列入清單。只要想到，不論是什麼都應先寫下來再進行定義和歸類。這對我們的記憶力是極大的幫助。

一想到就立刻寫下來：防止拖延。有些事情當時不做紀錄，過一小時就可能遺忘。對這個習慣的保持，最好的工具就是 A4 紙，而不是電腦文檔、筆記本或其他需要翻找的東西。

任何時候都可以開始：把 A4 紙和輕巧的紙板隨身準備好，

保證你在任何地方、任何時候都可以寫。你也可以將 A4 紙折起來放到口袋——這是普遍的做法。我在 10 年前就把這個方法普及到了公司的每一名雇員和部門主管。

清單需要隨時補充：清單並非不可變動，一旦有了新的想法，可以把它拿出來隨時修改和補充，提高清單的效果。總之，即便同一個主題，你也可以從不同的角度來羅列問題清單，擴展視野，提供給自己參考。這會讓你處理問題的能力和應變的速度提升百倍，因為你通過清單做好了各方面的準備。

把複雜的問題分成幾個部分

由納娜・馮・貝爾努特帶領的《哈佛商業評論》研究團隊在評定 2015 年全球最優秀的 100 位 CEO 榜單時，在當期的專欄評論中引用了美國思想家 W. P. 弗洛斯特說過的一段話：「想築好一堵牆，首先要明晰築牆的範圍，把那些真正屬於自己的東西圈進來，把不屬於自己的東西圈出去。」

為確保最終的結果是公平的，研究團隊有嚴苛的評選標準。比如，對任期不滿兩年，曾被逮捕或判罪的 CEO 予以剔除。總

科學拆解問題　CHAPTER 2

計有 907 位 CEO 參選，來自四十多個國家和地區，所管理的企業也分布在全球各地。

貝爾努特評價道：「在這份榜單中，排名越靠前的企業領袖，他們的思維方式就越趨向於簡單化。和人們想像的不同，精明的領導者都在學習怎樣務實地分解複雜問題，降低事情的難度。最好的首席執行官恰恰是擅長這類『簡單小把戲』的人。」「網路文化」的發言人和觀察者凱文・凱利創造了「技術元素」一詞，他認為技術是「這個世界上最強大的力量」。技術的本質就是「簡潔」，這與思維的作用異曲同工，而且思維本身也是一種技術——以更簡單的方式去實現目標。

如無必要，勿增實體

森林中的狐狸是聰明的動物，牠知道很多事情，既狡猾又陰險，詭計多端，行動迅速，跑得也快。和現實中的聰明人一樣，看上去就是那種「100%的贏家」。與之相比，刺蝟的腦袋很遲鈍。牠毫不起眼，走起路來一搖一擺，又慢又不靈活，只能過一種相對簡單的生活。對此，在管理界內流傳著一個非常有名的寓言故事。

有一天，狐狸在森林中的岔口處不動聲色地等待著。刺蝟經過這裡，由於腦袋反應較慢，根本不知道前面有埋伏，一不留神就落進了狐狸的圈套。狐狸暗想：「我抓住你了！」牠像閃電一般跳出來，朝目標撲了過去。刺蝟當然意識到了危險，牠立刻縮

成了一個圓球,全身的尖刺豎起來,構成了一個堅固又銳利的防禦工事。狐狸只好停止進攻,悻悻而走。

回到森林後,狐狸不甘心,又開始策劃新一輪的進攻,但卻再一次垂頭喪氣地敗下陣來。狐狸和刺蝟的戰鬥每天都在發生,不管以何種方式開頭,結局卻總是相同的。頭腦聰明而靈活的狐狸是輸家,笨拙而遲鈍的刺蝟則是勝者。

在兩者的較量中,狐狸的思考無疑是低效的,因為它把刺蝟當作一個複雜的整體來對待。這種思維決定了狐狸永遠抓不住刺蝟,牠的頭腦既豐富又凌亂,同時發展出了多個層次,難以集中思想,達成統一,並準確地找到刺蝟的弱點。刺蝟的思維和狐狸相反,牠把複雜的局面簡化成了一個「單一問題」:牠要吃我,我要自保。於是,剩下的問題就成了選擇什麼樣的自保方式。不管狐狸如何變化,刺蝟在進退維谷的被動局面中都只有一個非常簡單的選擇——亮出自己的尖刺。

在管理學中有一個著名的奧坎剃刀定律,講到了「簡單選擇」帶給我們的極大的正面意義:我們做過的事情中有絕大部分都是毫無意義的,真正有效的活動只占很少的一部分,而它們通常隱含於複雜之中。只要找到了關鍵的部分,再把多餘的活動去掉,用最簡潔和直接的方式行動,成功就會變得非常簡單。

這就是「如無必要,勿增實體」的核心精神——注重本質,忽略其他。當你懂得運用這項思維原則時,你就掌握了高效地定位和分析問題的鑰匙。

科學拆解問題　CHAPTER 2

■ 學會簡化目標

　　全球最大的連鎖藥店沃爾格林在與歐洲最大的藥品分銷商聯合博姿合併之前，是一家歷史長達百年的上市公司。在1975年到2000年的25年間，該公司獲得了超過市場價值15倍的累積股票收益率，這是一個瘋狂的業績，遠遠超過了可口可樂和英特爾這樣的績優股。

　　當這個成績被公布後，許多記者跑去採訪當時公司的CEO科克·沃爾格林，請他解釋公司取得如此驚人業績的原因。沒想到，科克的回答十分簡單：「成功沒有那麼複雜，沃爾格林公司的戰略就是做一家最好和最便利的藥店，讓盡量多的顧客來支持我們。」沃爾格林公司最大程度上簡化了自己的目標——做好方便顧客的事情，公司就成功了。

　　在具體的策略上，沃爾格林嚴格遵守了幾個原則：

　　第一，藥店地址的設置要方便顧客。

　　為了實現這個目標，沃爾格林將所有不方便的店址全都進行更換，改到了顧客可以從不同方向進出的地方，也就是街道的拐角處。這樣一來，路口各個方向的車輛和消費者都能輕鬆地到達藥店，不用在街上找很長時間。

　　第二，藥店間的距離要方便顧客。

　　沃爾格林的連鎖藥店總是緊密地聚集在一起，設置原則是不必讓顧客穿越好幾條街區才到達。比如，在商業區的一英里內至少要有6到9個分店，就像北京的物美或華聯超市一樣，在城市

中星羅棋布，隨便走兩條街道就能找到一家。

把目標簡化以後，沃爾格林公司迅速實現了利潤的增長。通過分配新增利潤，又進一步加強了這兩條原則，讓各個連鎖藥店間的距離更短，更方便顧客購買，從而提高了「單位顧客光顧利潤」。

當你知道如何簡化目標時，你的事業就能夠勇往直前。就像沃爾格林公司一樣，讓目標變得清晰直接，看到問題的本質，抓住關鍵部分重點解決，複雜的問題就會簡單化，再大的目標也能找到有效的實現途徑。

■ 效率從簡化開始

這個世界上存在兩種類型的人：第一種人知道如何把複雜的事情簡單化，不管生活還是工作都有非常高的效率；第二種人經常把簡單的事情複雜化，本來很清楚的事項，到他的手中就變成了一團亂麻，最後越處理越糟糕，效率十分低下。

提高效率是從簡化問題開始的。背著很重的行李遊到河的對岸是很困難的。簡化問題，就是丟棄多餘的行李，輕裝上陣。這是將事情化繁為簡的關鍵一步。你要抓住主要矛盾：「我想做什麼，我能怎麼做？」所有的工作都要圍繞這兩個問題展開，任何與之無關不必要的因素都要隔離出去，保持「圈內」的簡潔。

當問題保持簡單時，工作就會變得輕鬆。複雜的問題往往讓人在困惑中迷失方向，失去激情和動力。特別是那些需要人深入

科學拆解問題 CHAPTER 2

思考才能理解的目標和計畫,總會使人退避三舍,難以提起興趣。這樣不僅會剝奪你工作的快樂和成就感,而且會讓你錯失實現目標的機會。但是,當我們把核心問題剝離出來,鮮明而清晰地單獨呈現在眼前時,你就找到了明確的方向。讓它保持一種簡單而無歧義的狀態,任何工作都會輕鬆起來。

到房間外面看一看

著名的貝爾實驗室位於美國紐澤西州,是世界第一流的科技研發機構,有 11 位諾貝爾獎的獲得者都是從這裡走出來的。凡是有理工背景的人才,都把能夠進入貝爾實驗室工作視作一種榮耀。如果有幸去貝爾實驗室參觀,你會在它的創辦人塑像的下面看到一段話:「我們有時需要離開常走的大道,潛入森林中,那時肯定會發現前所未有的東西。」

這段話蘊含著對我們思維模式的啟迪。它告訴每一個有志於取得成功的人——妨礙你獲得突破性進展的最大障礙,並不是未知的東西,而是你已經知道的東西。為什麼貝爾實驗室可以培養出那麼多的人類科技文明的精英?正是因為它鼓勵發散式創造性

思維。通過豐富的想像和開放的思考，你不僅能夠開闊視野，還可以在發現問題的同時解決問題。

▰ 開放性思考：先跳出現在的環境

在針對舊金山的一家華人企業的中層幹部進行培訓時，有一節課我沒有講解任何理論知識，也沒有講述那些優秀企業的管理實戰案例，而是在白板上直接寫了一道題目請大家參與討論。內容只有一句話：「一塊普通的磚頭都有哪些用處呢？」我告訴他們，對這個問題可以充分地釋放自己的想像力，盡可能地多想一些，想到的用途越多，說明討論的結果越好。

由於這家企業是做建材和地產開發業務的，平時的工作與「磚頭」有著千絲萬縷的聯繫。所以，不少人都立刻回答說，磚頭可以蓋房子、造橋、鋪花園、砌圍牆；還有人說可以用來修長城、建寺廟，甚至做成藝術品。總之，人們在書上可以查到的用途，他們全都想到了，回答也很迅速。

我搖搖頭，問道：「只有這些了嗎？」

這時，有個人坐在一個很不起眼的地方大聲說：「磚頭可以打人。」全場哄然大笑，紛紛對他行「注目禮」。但我卻嚴肅地說：「你們所有的人都被困在了一個已知的環境中，只有他跳了出來，給出了唯一不同的答案。」一個小時的課程結束後，這個人得到了該節課的最高分。因為他做到了從發散性思維的角度來思考問題，沒有受到現有環境的約束。

科學拆解問題 CHAPTER 2

　　讓思維擺脫規則約束，向各個方向發散。在工作或者思考的過程中，你應該學會從已有的環境出發，以現有的資訊為立足點，盡可能地向各個方向自由擴展，不要受已知的條件限制，也不必遵守現存的規則。它是多方向的，也是立體和開放的。你要盡量讓思維保持自由發散的模式，讓它肆無忌憚地釋放深藏於我們潛能之中的想像力。

　　思維發散就是論證不同解決辦法的過程。在思維的改變、發散、擴張和求異之中，重要的不是「思緒飛了有多遠」，而是從不同的方向論證各種解決辦法，再衍生出相應的結果，通過二次回饋，找到最正確的那一個方法。

■ 換一個角度考慮問題

　　每個人都會遇到一些看似根本無法解決的難題，就好像不管自己如何絞盡腦汁，都不可能想到問題的解決之道。對此，美源伯根公司副總裁克萊瑞在一篇回憶自己的工作困境的專欄文章中說：「當公司準備新的合併之前，我曾經有三個月的時間依靠安定保持睡眠。我的思考力似乎枯竭了，對未來似乎看不到絲毫的希望和光明。」這並不是一個孤立的只有他一個人遇到過的問題，每個人都會在自己的生活和工作中碰到類似情況。假如你也遇到了這樣的情況，你會怎麼辦呢？

　　有一家圖書館在城市的另一端建了一座非常漂亮的新館，準備整體遷移。但是我們知道，圖書館最多的「行李」就是書。作

為人類的文明財富，書既嬌貴又沉重。如果全都搬過去還要保持完好無損，足足要為此準備 200 萬美元的預算。問題很「嚴重」，但館長必須找到解決辦法。他思來想去，琢磨了幾天幾夜，也想不到去哪裡才能籌到這麼大的一筆錢。

這時有一個人就過來對館長說：「這件事一點都不難，我幫你解決，你只需要給我 50 萬美元就可以了。不過有一個前提，就是你不能管我如何支配這些錢，我們還得簽個合約，以免你言而無信。」館長一聽，感覺非常划算，就痛快地簽了合約。

到了第二天，館長差點被驚掉了下巴。因為這個人的辦法十分簡單，就是以圖書館的名義在報紙上發布了一條消息：「從即日起，本館將免費、無限量地向市民出借圖書。市民只需在還書時把它送到本館的新址即可。」消息一出，市民蜂擁而來，很快便借走了圖書館的大部分書籍。這個人又拿出 10 萬美元，雇用了一個搬運團隊，把餘下的少量圖書運到了新址。他非常輕鬆地完成了這項任務，不但替圖書館省下了 150 萬美元，而且自己還賺到了 40 萬美元。

這就表明，最有效的方法往往也是最簡單的——暫時放下正在思考的問題，走出這個環境，離開當前關注的焦點，換一個角度去重新思考。只有你不再拘泥於原有的方向，總有一個新的角度能夠幫助你解決問題。

CHAPTER 3

設想
必須宏大

你一直在低頭看腳下嗎

成長太快不一定是好事

事先做好可能性規劃

偉大的成功者都是預測家

有時候,並不是位置決定視野,而是視野決定了位置。成功者總在為未來布局,他們想到的是十年後會發生什麼;他們知道將來的變化,堅持長遠的判斷,哪怕所有人都站在與自己對立的一面。因此,我們必須永遠保持耐心——冷靜地等待收穫,不要染上「短視」病。

頂 | 級 | 思 | 維

想到未來五年？
不，至少二十年

　　法拉利車隊正帶著「17 年不勝」的恥辱紀錄經受著賽車界源源不斷的口水——人們對法拉利嗤之以鼻。車隊 CEO 蒙特澤莫羅此時做出了一個改變未來的決定：在 1996 年簽下了已經兩度贏得世界冠軍的舒馬克。他決心對法拉利公司進行全面的重組，以求未來的某個時期重新崛起。在他的戰略設計中，不僅要簽下優秀的車手，還要對公司的員工管理、汽車設計、工程可靠性乃至商業贊助模式進行深入的變革。

　　未來會怎麼樣？沒人知道，但在短期之內，這一戰略是「糟糕」的，沒有達到應有的效果。比如簽約當年，舒馬克的賽車引擎就在法國大獎賽中爆缸了，車隊的領隊也提交了辭呈。看起來不但沒有改變，情況反而更壞！人們紛紛指責蒙特澤莫羅，認為他的做法是一個錯誤。但他並沒有因為這些短期內遭遇到的挫折而有所動搖——即便後面的 4 年中這些挫折仍在持續。蒙特澤莫羅的計畫在 5 年後開始發揮作用，因為舒馬克為法拉利獲勝的比賽場次和贏得的冠軍數目比歷史上任何一個賽車手都要多。十幾年後人們才發現，其實在蒙特澤莫羅做出那個決定時，法拉利的時代便註定就要到來了。

CHAPTER 3　設想必須宏大

微軟創始人比爾・蓋茨說過一句話：「我們總是高估了在未來兩年內可能發生的變化，但卻低估了未來十年可能發生的變化。」造成這種境遇的正是長遠判斷的缺位——多數人沒有從未來相當長的一段時期的動態變化來針對性地制定計畫，採取應變，而是只著眼於當前的利益得失，這就決定了大部分企業和管理者的命運，也說明了為何有 90% 的創業者都會在 5 年內「死掉」的原因。

■ 拒絕長期規劃就等於退出競爭

我們的一個小組對全世界的企業家在制定戰略時的「聚焦時間段」進行了為期兩年半的調查。結果發現，大約 67% 的公司僅僅著眼於三年內的目標進行規劃，甚至只對眼前一到兩年內的市場變化進行預測。另外有 30% 的公司能夠著眼於未來的 5 到 6 年，願意預測和分析屆時的經營環境。遺憾的是，只有不到 3% 的公司和管理者能夠制定超過 10 年的長期規劃，看到並預想到「自己在 10 年後應該做什麼」。

這個結果並不出乎我的意料。不少企業家接受我的採訪時都表達了自己的觀點，他們覺得未來的「不確定性因素」太多了，市場每天在變而且未來自己不一定會一直從事該行業，所以更長期的戰略規劃是不必要的，也是浪費資源的。有位創業者就曾經對我說：「我感覺把短期戰略做好，就能給自己撈到一桶金了。至於 10 年後會怎樣？誰關心呢！」這種看法和我以前遇到的

位美國密西根州的企業家雷森特的意見是相同的。雷森特做的是從加拿大進口木材的生意,他十分不屑做計畫:「看那麼遠做什麼?誰知道明年加拿大政府會不會突然禁止木材出口呢?我只想保證未來6個月的生意,而且也只能看到這麼遠了。」

對企業的業務產生真正影響的確實是短期規劃——它反映在當前公司的帳上,是可見的能夠賺到的錢,也是老闆與員工能否生存的命根子。然而,如果你的思維無法超越短期規劃,制定未來10年乃至20年的發展計畫,就等同於你每天都在重複一種沒有明確未來的短視行為,從而忽視那些可以真正地威脅到你的長期競爭地位的環境變化。

雷森特的木材進口公司還能維持幾年、幾個月呢?我對此是深表懷疑的。假如加拿大政府限制了這樁生意,導致他的公司突然倒閉,恐怕也是由他的短視和僥倖心理造成的——他沒有對政府的思路與行業政策做深入的研究與長期預測,一廂情願地以為當前的市場會持續下去。

願意效仿蒙特澤莫羅和法拉利的「長期戰略」模式的人並不是太多,這決定了真正優秀的可以形成世界性影響力的公司是少數的,能夠承受遠期市場變化的企業家也屈指可數。經濟在衰退,各行各業都處於一種淘汰加劇的收縮狀態,因此大部分的企業高管都懷著「避免被淘汰」的短視心態忙得不亦樂乎。他們覺得,長遠投資不是問題,生存才是大問題。所以在我的調查中發現,「5年戰略」是普遍的企業家思維。

設想必須宏大　CHAPTER 3

　　舉例來說，當互聯網平台以不可抵擋的秋風掃落葉之勢席捲一切行業時，許多傳統的實體零售公司仍然拒絕對未來 20 年的經營思維做出正確的預測和迅速轉型，總以為威脅雖大但仍能生存，所以依舊將重點放到店鋪的選址、經營模式的提升與不計成本的產品行銷上。這麼做的結果便是，在一定程度上提高了短期收益，卻未讓企業做好迎接未來艱巨的挑戰。我對此的評價是——這無異於宣布退出競爭。就像已經破產的美國第二大連鎖書店 Borders。

　　問題 1：將短期與長期區分開的規劃思維。

　　多數企業在做規劃時，習慣性地將短期與長期分開對待，認為長期遠景不是目前要考慮的問題，先做好眼前的事情才是務實的。一旦企業家這麼思考，長期趨勢就永久地從他的視野中消失了，因為事實上，每一個長期趨勢都會隨著時間的流逝慢慢轉化為他眼中的「短期市場」。他會一直被動規劃，很難主動應對環境做出根本性的調整。

　　問題 2：「賺一天是一天」的經營思維。

　　有的老闆斬釘截鐵地告訴我，他不準備考慮 10 年後，或許再有兩年他的公司就關門了，何必為可能不存在的事業大費周章呢？這便是徹頭徹尾的投機性經營思維，既沒有全景視野，又沒有長期考慮。只要今天還賺錢，就不必為明天憂慮。如果你也用這種心態對待工作、經營自己的企業，未來的黯淡是可以預見的。你對未來不管不顧，未來就會對你棄之不理。

你可以研究一下各個行業的「領先者」，看看那些頂尖企業的帶頭人是如何規劃未來的——他們很少陷進短期思維的泥沼之中。相反，他們通常把自己的戰略眼光延伸到 20 年後，甚至能夠設想未來的半個世紀會發生什麼，看到隱藏在規律背後的必將發生的事實，像蘋果、Google、福斯汽車、華為等企業的管理者們。你想得越遠，投入得越早，就有更多的時間來建立優勢，培育相關的能力。遠見會為你帶來豐厚的回報。

■ 思路決定出路：看多遠，就能走多遠

當雲計算技術出現時，TCL 的董事長李東生立刻就感知到了未來的變化。他說：「思路決定出路，未來的 10 年將是一個由戰略驅動並且由戰略制勝的時代，雲時代就是 TCL 的未來。」在互聯網從基於 PC 終端發展到移動互聯和雲計算時，他馬上提出了「全雲戰略」，力求把握將來 10 年的先機。

這一戰略的發布，展現了李東生超前的眼光與敏捷的判斷力和果斷的決策力，不僅幫助 TCL 集團搶得了智慧雲產業的發展制高點，也為企業找到了新的市場突破口。在這一基礎上，TCL 聯合中國的互聯網巨頭騰訊共同推出了 ice screen 這一革命性的「一站式線上生活」的全新智慧終端機，實現了跨界整合模式的創新。最終，遠見為 TCL 帶來了持久的利潤，並且占據了強大的優勢地位。

對未來再迷茫，也要想到 20 年後。遠見是一種稀有的品

設想必須宏大　CHAPTER 3

質,它考驗人對未來變化的耐受力和長遠規劃的能力。在瞬息萬變的市場上,你願不願意靜下來看到更遠的地方?你能不能耐住性子等待未來的積極變化?不管現在處於什麼境況,都應該盡量想到足夠遠的將來,為長期的可供使用的模式進行規劃,而不是被短期利益誘惑,放棄了對未來的控制權和競爭的主動性。經濟越困難,企業家就越需要遠見。

有長遠計畫,才能獲得持久優勢。你或許是一個理性冷靜的人,不會對未來感到迷茫,但你仍然需要制定長遠計畫。想到不等於做到,做到就必須有切實可行的規劃,否則你還是會徘徊在原地,難以前進半步。想走得更遠,就要理性規劃,不要對眼前得失斤斤計較,要用一種積極和開放的態度迎接未來的20年。

短視是一種通病

伊利諾州的一個年輕人哈登拿了父親給的10萬美元準備創業,向我請教成功之道。他風華正茂,非常想快點有自己的事業,賺到大錢。當時正值盛夏,辦公桌上擺了一盤切開的西瓜,

我就拿出三塊大小不等的西瓜放到他面前,問他:「每塊西瓜都代表一份收益,你選擇哪一塊?」

哈登想都沒想:「謝謝,當然是最大的這塊了!」他拿起來就吃。

我說:「那好,我吃最小的這塊。」很快我就吃完,然後拿起另一塊,大口地吃起來。哈登這時明白了我的意思。雖然他挑了一塊最大的西瓜,我挑了最小的,但我吃到肚裡的卻比他多。如果這是做生意,我賺到的錢就會比他多一些。

「西瓜」是我們的目標,是奮鬥所得。你要想成功,就要學會把眼光放遠一點,放棄當前看似最大的利益,尋求長遠收益。少數成功者正是這麼做的,所以你才會看到成功的企業家不會為了一兩年內的好收成放棄未來十幾年內的大市場。他們願意捨棄眼前的東西,換來長遠的回報。但對大眾來說,多數人都會選擇「最大的西瓜」。

■ 你一直在低頭看腳下嗎

哈登說:「我在選擇面前困惑不已,親人朋友都勸我拿這筆錢做些能夠短期見效的生意,比如在州府或郡府所在地開個餐館。但我覺得,當地的餐飲業快飽和了,即便這兩年還能賺到錢,可能三年後就無錢可賺了,競爭很激烈。我想到紐約發展,開一家服裝設計公司,因為我是服裝設計專業畢業的,同時對這個行業很感興趣。但我也清楚,一開始很難賺到錢。」

設想必須宏大 CHAPTER 3

這是兩種不同的選擇：低頭看腳下，或者抬頭看未來。在普通人的眼中——他的親人朋友——先把「能賺的錢」拿到手才是正經事，至於未來怎樣，不是現在考慮的問題。如果你有一筆錢，準備做點什麼生意，我相信多數人一定也會這麼勸你：「孩子，做點穩當的事情吧！」看著腳下，別摔倒，這就是穩當的含義。但將來呢？很多人都缺乏對市場的洞察力和長遠規劃的頂級思維。

一切急功近利的思考與行為都是短視的，這是人身上最常見的毛病，因此也決定了為何頂級成功者是如此稀少。而你也想繼續這麼做嗎，跟隨他們的腳步繼續亦步亦趨嗎？我對哈登的建議就是：「讓你的心牽引著向前走，讓你的頭腦引導你做出決定。」別聽任何人的，穿透現實的迷霧，想想未來的 30 年自己最想做的事業，再看看有沒有市場，你就知道應該如何思考了。重要的是，不管決定做什麼，都不要只盯著眼前的收益。

■「短視者」缺乏重大的「變革思維」

從深層次的角度來說，是否有長遠目標，決定了一個人有沒有做出重大變革的勇氣。跟從於現實容易被視作「務實」，也意味著較少的阻力和較低的風險——不需要變革就能見到短期的效果。這反映了一般人的一種基本心態：得過且過。

我曾經去江蘇一家企業考察，總經理明明知道企業再這麼下去是很危險的，卻遲遲不願做轉型的決定。「賣襪子的利潤已很

微薄,這我清楚,但是改變企業的業務結構代表著要經歷調整管理層、裁員、引入新生力量、融資等一系列的陣痛,企業是否能承受,我是否能駕馭?」這便是他的擔憂。他在骨子裡缺乏「**變革思維**」,因此只能當一名「補鍋匠」,過一天是一天。那麼,作為一名管理者該如何培養自己的管理思維呢?

首先,不要把「暫時的好轉」錯當成「市場的轉機」。有些人抱著投機心理縱容自己的短視,他會把一些市場「暫時的好轉」看作轉機,認為不必進行根本性的調整。去年經營困難,賠了 100 萬元,今年偶爾拿下一個大訂單賺到了 30 萬元,他便覺得市場變好了,就繼續這麼維持下去。可是明年、後年呢?他幾乎不進行客觀預測,而是任由雙眼被蒙住。想真正看到遠方,找到自己應該走的方向,就得克服這種僥倖心理,直面現實。

其次,一個正確的長遠規劃需要漫長的時間來實現。人們對於長遠眼光的認識並非完全關閉式的,但卻缺乏耐心。有的人也喜歡做遠景規劃,也能看到將來自己需要怎麼做,但堅持不下去——或者堅持不了多久。他們不知道,越是偉大的成功,就越需要足夠長的時間來實現量到質的轉變,甚至要 10 年以上的時間來完成。所以你要有一種「十年種樹」的思維,要有超強的意志力並為此做好充分的準備,比如需要充裕的資金支援來度過這個必要的階段。

在今天的世界，
看到明天的未來

「李嘉誠究竟在想什麼？」這是近兩年來無數政評家和財經評論員經常揣摩的一個問題。我們知道，媒體報導之前一直在炒作「李嘉誠從中國撤資」的話題，認為他正有計畫地將資本從中國內地和香港地區轉移出去，似乎是一種「資本逃跑」行為。但事實真相也許會讓你大吃一驚，並完全轉變之前的觀念。要想理解李嘉誠的行為，就要用他的「思維方式」去思考，而不是普通人的。

從 2010 年起，李嘉誠的公司開始在英國投資，到 2015 年已經超過了四百億美元。涉及的項目眾多，涵蓋了電信、電力、基建及房地產等諸多行業。比如英國電網、英國水務、英國管道燃氣、諾森伯蘭自來水公司、曼徹斯特機場集團等。一系列的大手筆投資讓長實集團成為英國最大的單一海外投資者，大有「買下英國」之勢。

他的動機是什麼？無疑這是人們最感興趣的。但我認為應該換一個方式來問這個問題：「他對全球市場未來的判斷是什麼？」這才是李嘉誠做出如此重大決策的直接原因。有人在往歐洲「跑」，也有人在往中國「來」，如果不能獲利，沒有人會把

自己在一個地方辛苦幾十年打好的基業全部拆走。李嘉誠這樣的人更不會。跨國資本流動的內在驅動力，並不是大眾揣測的「轉移資本」，而是基於這些企業的當家人自身對未來市場的全景判斷。我們應該研究的是他們從市場的變化中看到了什麼。

■ 走出圈子，看看另一個圈子

在英國投入如此巨大的資金，是因為李嘉誠對英國做出了「別人沒有看到」的判斷，展現了他敏銳的洞察力與果敢的決斷力。英國是一個老牌的資本主義國家，思想保守，傳統深厚，行事僵化固執，這導致英國政府的決策效率較低，經常陷入互相扯皮拉鋸的狀態。所以海外投資者甚至它本國的投資者都對英國不抱信心。

但是四年前，李嘉誠卻從中看到了不一樣的東西。

第一，英國的基礎設施已經非常陳舊。

英國絕大部分的基礎設施都是幾十年前的產物，不僅陳舊而且落後。這由歷史決定，但卻意味著機遇。李嘉誠對英國有深刻的了解，於是果斷出手投資電信、碼頭、機場、水務和電網等重要的經濟發展的基礎行業。在他看來，英國人必定會尋求重振經濟，屆時這些基礎項目都將獲利頗豐。

第二，卡麥隆政府正致力於以開放的態度重新振興英國經濟。

卡麥隆政府上台後，加大了英國對外開放的力度，對外資進入英國大開方便之門，制定了大量的優惠政策，提供了各式各樣

設想必須宏大 CHAPTER 3

的環境和條件便利。這就為李嘉誠創造了一個比以前優良的投資環境,減少了投資成本。在別人還在猶豫時,他選擇了馬上動手。

近年來的事實證明,李嘉誠走出了無比正確的一步。他站在全球的角度看到了一種宏大的經濟趨勢——英國向中國的靠攏——並提前一步布局,讓自己占據了先機。他不在乎短期需要投入多少錢,因為他獲得了未來的30年甚至更久。

比如,英國和中國在一年內接連簽署的合作大單,金額高達400億英鎊,許多中國企業也蜂擁而至,希望抓住英國向海外資本開放的這一歷史性時刻。這些優秀企業正在做的事情,難道不正與李嘉誠當初轉移投資方向時的決定相同嗎?我們現在也看到,在中英簽署的400億英鎊的大單中,李嘉誠成為最大的受益者之一,因為這個大單涉及的150多個專案都離不開英國的電信、碼頭、供電、供水、燃氣、機場及鐵路等基礎設施的支持。

■ 在「別人不理解」時看到機會

當越來越多的人從這些逐漸發生的變化中「後知後覺」時,有人驚呼:「李嘉誠又贏了!可為什麼我沒有提前看到和想到?」經常來往於香港與深圳的英籍企業戰略管理學專家米蘭達說:「這恰恰是卓越的企業領導者的過人之處,他能在別人尚不理解時看到機會。當他開始做一件事情時,甚至有很多人誤解,但最後你會發現自己完全屬於另一種思維,你可能永遠學不會這

種本領。」

錯失良機的人對市場總是缺乏預見力，他們目光短淺，麻木遲鈍，哪裡人多就往哪裡去。就像你身邊的人一樣，或許有時你也跟從這些人的腳步，沒有全景心態，沒有自己的判斷，也沒有迎接變化的準備。但真正的成功者是相反的——

不管大眾是否理解，他堅持自己的方向，並明白自己在做什麼。

不管別人是否支持，他從不多做解釋，而是努力把握機遇。

當人們開始理解並支持時，他已經成功了。

這就是頂級思維為成功者帶來的全景視野——超越現實的阻礙，看到未來的變化，並能在綜合分析的基礎上快速做出決策。要擁有這樣的能力，就必須對自己的思維進行一場深層次的變革，為頭腦打開一扇「天窗」，具備 360 度的觀察和思考角度。

你要培養自己的前瞻性視野。沒有前瞻性視野，人就不具備戰略思維。它要求你在思考一個問題時向前看，學會分析比較久長遠的趨勢，而不僅是受困於現實。

你要調整當前的短期戰術。看看現在有多少行為是受到短期決策驅動的？當你決定放眼未來時，就得把短期戰略降低到戰術的層面上，要重視它，但不要過分依賴它。就是說，短期戰術的制定必須以長期戰略為依託，由長遠的目標為它提供導向。「長短結合」助自己取得成功。

你要有野心成為影響行業的人。即便不能建立起獨樹一幟的

設想必須宏大 CHAPTER 3

「市場地位」，或者在 10 年到 20 年的時間內長久地成為贏家，占據金字塔的塔尖，也要爭取影響行業的發展。偉大的企業執行官們都希望由自己改寫行業的歷史，而不僅限於賺錢。他們最大的目標是把自己寫進行業的歷史。你有這樣的野心嗎？

你要提前看到風險並想到「決定性」的應對戰略。對不確定因素最好的應對辦法就是盡量拉長計畫的時間長度——著眼於一個長期的遠景，計算風險和收益。不過，它並不意味著鼓勵你忽視風險，而是用「趨勢」來有效地管理「不確定因素」。只要你看到了長期的大趨勢在何時、何地、以何種方式發生，就相當於找到了預防風險的鑰匙。

■ 用全景視野制定長遠戰略

長遠的發展戰略是成熟的企業家與年輕的創業者都要面對的問題。它就像蓋一棟房子，你不可能把材料買好放到原地就不管了。接下來你要設計圖紙：

我要蓋一棟什麼樣的房子？

我的房子是中式風格，還是西式建築？

我的房子準備使用多少年？

這使用年限內，遇到地震能不能扛住？

即便一棟普通的房子，你也要考慮很長遠的問題，更不要說管理一家企業或者去做自己的事業了。所以你必須在一開始就擺脫短期思維的束縛，放眼未來為自己制定戰略。在戰略的制定過

程中，要採取全景思維，要有應變的心態。

這種心態表現為：

看到至少 20 年內的**趨勢**：行業的、市場的、產品的、技術的、**潛**在需求的**變化趨勢**。

看到自己全部的優點和缺點，知道自己有什麼和缺什麼。

看到同行們都在做什麼，數數你有多少已經出現的和潛在的競爭對手。

看到消費者都在買什麼，問問自己他們憑什麼要買你的產品和服務。

看到你的團隊都在想什麼，說服他們放棄短期思維，和你一起著眼未來。

要做到這些並不是一件容易的事，因為即使世界級企業的 CEO 們也經歷了許多強大的阻力才成功地讓自己和團隊具備宏觀視野。「短視」是人的本能，是人性的一部分，你要步步為營並採取堅定的步驟，克服所有可能阻擋你的視野與思維創造力的障礙。

第一步，克服內部的「思維阻力」。

科斯塔說：「在多年的採訪中，我發現擁有長期戰略規劃的公司 CEO 們談到最多的阻力是企業內部的固有文化和思維，這是他們面臨的最大問題之一。就連祖克柏這樣的對公司具有絕對掌控權的領導者也遭受過管理層成員激烈的『決策反抗』。」思維阻力的能量是極其巨大的，它既決定了管理層舊有的戰略傾

設想必須宏大 CHAPTER 3

向,又極大地影響未來的選擇。所以,克服這種阻力是一場異常艱難的工作,但你必須一往無前,無所畏懼。一個快速有效的方法是重新設定關鍵的績效指標,以強有力的激勵措施改變團隊的思想,讓他們從遠景戰略中得到回報。

第二步,調整和設立長期的目標與計畫。

同時,你要重新評估當前的業務,認真地進行長遠性的思考,調整目標,設立長遠計畫,以應對市場可能發生的長期變化。但這並不代表你要把未來十年以上的支出和收益全都規劃出來——這是不可能的,而是對未來的市場做一個遠期的宏觀定位,深刻認識到行業將來可能發生的變革。這個長期的目標與計畫是為了培養實力,增強對市場變化的駕馭力,針對「不確定性」制定方案。

第三步,把短期目標作為戰術工具,並樹立自己的長期戰略。

兩者要充分地結合起來使用,互為補充。根據我的經驗,你可以對企業的戰略進行「逆向追溯」,從未來向現在推導——明天要實現的遠景計畫需要我今天怎麼做?再從現在向未來延伸——今天的做法會導致明天發生什麼變化?這樣就可以把長期戰略需要的能力落實到短期的經營和管理中,改善你和團隊的思維模式,最終衍生出「足以勝任」的正確的行為模式。要學會同時管理短期和長期的目標,並且把兩者之間相互關聯起來,彼此促進。

第四步,拓寬你和團隊的視野。

要養成一個敏銳的習慣，時刻留意那些大的**趨勢**，並覺察它的變化。人的長期視野不是靜止不動的，也不是一**蹴**而就，因為那些能夠改變未來環境的因素總在發生變化，甚至有可能逆轉。所以，為了掌握真實的動態的資訊，了解到**趨勢**對於企業的潛在影響，就需要持續的觀察和調整。為了實現及時的反應，你要拓寬視野，向團隊成員傳遞這些資訊，把他們動員起來。不是所有的人都喜歡「睜眼看世界」，但你至少應該讓他們嘗試思考和建立一個「十年戰略」。

第五步，一旦確立遠景方向，就必須堅定地執行下去。

當你看到一個遠期的前景時，就要堅持下去，不可半途而廢，否則這比「低頭走路」的後果還可怕。在經歷短期的挫折時，不要猶豫。如果能堅持不懈地深謀遠慮和立足於未來，你總會得到積極的結果。

也許你會告訴我：「沒錯，先生，我從不否認長期戰略思考的好處。我看到即將發生什麼，但我如何躲過短期不確定因素的打擊？」這些「不確定性」殺死了無數企業家，讓很多心懷壯志的人在半路改變了自己的思想。

「持之以恆的堅持」並不是一個冷冰冰的物理條件，而是對於自身精神力量的激勵。為了實現這樣的目標，你能採取的最佳方式不是忐忑不安地等待命運的宣判，而是提前讓自己適應行業、市場及環境的變化，提高應對風險的能力。假如沒有這樣的準備，你可能還沒有邁出第一步便已經被淘汰了。

設想必須宏大 CHAPTER 3

從「危機」中看到需求

約翰・洛克斐勒是一位極為冷靜同時又冷酷無比的商業天才，他除了擁有在競爭中無情的擴張手段，對危機的判斷和對趨勢的預測，更有著當時別人無與倫比的眼光。洛克斐勒少年時命運多舛，由於家庭貧困，他很小就出來工作，跑到俄亥俄州的克里夫蘭市做了一名普通的簿記員，並進行適當的投資業務。但在1857年，就在他的工作似乎走上正軌時，一場經濟危機爆發了。

年輕的洛克斐勒沒有像其他人那樣驚慌失措，怨天尤人。恰恰相反，他的冷靜戰勝了壓力，沒有抱怨經濟的動盪，而是努力觀察人們的反應。他要看看外面的市場有什麼變化，並從中尋找自己的機會。

■ 機遇是災難的「副產品」

當洛克斐勒看到一個勘探站冒出的滾滾石油時，他突然意識到自己的人生機遇終於到來了。他馬上融資開設了自己的第一家煉油廠，為美國經濟開啟了一個新時代：他要讓所有的美國人都使用他生產的煤油照明。

高度的理性與冷靜讓洛克斐勒從不畏懼「災難」，反而總能

從經濟的動盪中獲得良機。比如美國內戰和之後的三次經濟危機，他都借機大發其財。到 1877 年，洛克斐勒已經控制了美國 98%的石油市場份額，壟斷了全球的石油市場，成為貨真價實的「石油大王」。這是由於他在危機中從來都保持著獨有的耐心，他的對手們卻總是匆匆地拋掉企業的股份、保本離場。

偉大的成功者都不是「懷疑論者」，從來不會懷疑市場的最終命運——是破產還是消亡？不，他們想到和看到的永遠是隱藏其中的機遇。

■ 懂得適應行業的變化

市場不利的變化只能將弱者淘汰，對強者卻沒有什麼根本性的影響。強者就是那些在災難來臨時抓住機遇，適應變化，並讓自己繼續強大的人。轉身逃掉是最糟糕的做法，留下來安靜地觀察然後讓自己適應新的局面，才是你應該做的。

如何才能適應行業的變化？

應變：事先做好「可能性規劃」。殼牌公司為全世界的企業創造性地率先使用了這一戰略規劃方法。他們對未來一段時間內的一切關鍵的「不確定性」因素做了全面的分析，對未來的可能性進行不同角度的展望，推測出最有可能發生的場景，然後做出一份可靠的「可能性規劃」。重要的是把未來前景、市場變化與競爭對手等所有元素均考慮在內，勾畫出各種可能性，提前看到可能發生的各種結果。

設想必須宏大 CHAPTER 3

持久的「對比與分析」。如果這樣做，效果會怎麼樣？即使資訊模糊、難以精確定義，也要對目前不佳的境況做出幾種不同的變化預測，再制定未來的方案進行假設。通過推演工具解答問題，提供決策參考，幫助你找到思考當前問題的客觀方式，從而不至於像大部分人一樣束手無策，甚至做出錯誤的決定。

堅持用「探索式」思維做分析和決策。探索是人類文明發展的主要動力，也是個體、企業和一個國家得以成功的保障。激發自己的探索思維並用它分析問題，進行決策，會幫你在新思路的激盪碰撞中逐漸找到最正確的方向。比如，你可以制定多個方案，同時採用不同的方法分析問題，建設多條解決問題的路徑。當未來變得清晰時，或者在情況糟糕時，你就可以從容地選擇最明智的方案。你也可以制定並推行多個——哪怕是相互矛盾的戰略方案，以便保留自己的選擇權。

■ 從危機中抓機遇，改變和引導行業

2015年年底，中國經濟的轉型到了最關鍵的突破階段，同時也是許多行業最困難的時期。春節前，不少原來很賺錢的企業家打電話來告訴我，他們要清理資產了。不用問就知道，肯定是經營不善，資金鏈斷裂後必然出現關門大吉的結果。2016年的1月底，我到廣州一家企業探訪，它的帶頭人應付「危機」的獨特方式卻讓我眼前一亮。因為他的方法不是到處借錢縫縫補補，是乾脆把企業的管理、業務乃至價值觀結構通通打破，借著產業升級

的政策環境開展了一場**轟轟**烈烈的「變革計畫」。

總經理石先生說：「我們是做運動品牌貼牌代工的，危機早在 5 年前就開始了，不少公司都往越南、印度搬，我也派人去考察，發現那邊環境更不好，沒有中國這麼優質的基礎設施條件，也沒有這麼強的人力資源保障。所以，當時我做出的決定就是繼續留在中國，而不是和他們一起往東南亞跑。」

留下了馬上就會變好嗎？當然不是。隨著企業的效益越來越差，人工成本越來越高，石經理認為必須看到這個行業的未來——將來做什麼，才能生存下去，並且生存得很好。當然是向上游發展，做出獨有的品牌，讓別人跑來求著為自己代工，獨立自主才是長贏之道。下定決心時，正是他看到有史以來最差的財務報告的那一天，情況不能再壞了，隨時會關門。他重重地拍了一下桌子，狠命地抽了一口氣，對幾名管理層的部下低吼道：「如果我們的改革能成功，那麼明天我們就是行業的老大！」

正是在逆境中懷著如此強烈的自信，看到了如此光明的未來，石經理和他的團隊堅定了決心，統一了思想，當天晚上就開始擬定企業的重組戰略，制定了一份涵蓋未來 15 年發展的三個階段的長期計畫：

第一個階段——兩年內清理和分割企業的不良資產，包括辭退部分改革後不再需要的員工。

第二個階段——五年內完成新的人才準備及品牌策劃，並實現初步的融資，更新企業的管理層。

設想必須宏大　CHAPTER 3

第三個階段——十年成功地開發企業自己的運動品牌，並讓它在市場上占有一席之地。

石經理的眼光長遠，同時又不盲目冒進，制定了富有創意的長期戰略並堅定地予以實施。現在 4 年過去了，結果怎麼樣呢？他說自己驚喜地發現，原來只要找對方向，不到 5 年的時間公司就實現了原定 10 年的目標，成功地開始了自己的品牌。

「危險？那只是膽小者的名詞。」他說，「誰的目光可以穿透危險找到機遇，誰就能笑到最後。這要求我們一定冷靜看待暫時的困境，多想辦法而不是琢磨退路。」

像洛克斐勒和石經理這樣，能夠在危機中抓住機遇的人方能改變命運並且在一定程度上影響所在的行業。如何成為行業的推動者，這是不少創業者和企業家想都不想的問題，但它做起來並不難，關鍵在於你的眼光與判斷力。

為自己制定一個可以影響行業的「藍海戰略」。如果說短期戰術屬於「黃海（近海）戰略」，那麼長期戰略就屬於「藍海戰略」。當你居於弱勢地位時，你要採用可以超越傳統的競爭策略，去創造全新的競爭模式來改變行業；當你居於強勢地位時，則要盡量建立規則來引導行業的發展。像洛克斐勒那樣在壟斷後試圖殺死競爭的行為，從市場道德的角度看當然是不可取的，但你要爭取讓自己成為競爭的引導者。

越深處危機，越要相信自己有一個理想的未來。在內心要永遠為自己的理想保留一個容身之地。危機來臨時，你將體會到它

有多麼寶貴的價值。理想的支撐，是你戰勝「危機恐懼」的強大動力，也是幫助你立足當下、培養能力並逐步讓理想變成現實的保證。一個有理想的人總能看到未來很遠的地方，反之則只能看到他腳下的方寸之地。

假如你希望自己的事業（企業）在5年甚至10年後仍然能夠繼續存在，那麼你就要做好準備迎接源源不斷的挑戰和變化——其中很多挑戰和變化是你不想接受的。你要克服危機中的短視，為明日的成功和持續的盈利創造條件，就要有革新的勇氣和耐住性子「等候轉機」的毅力。簡言之，有很多短期的戰術工具可助你應對危機，但它們不具備決定性。越是危機來臨，你越需要長期戰略的幫助，看到結局才是我們主要的目的。

始終堅持
自己的判斷

2015年10月21日，科羅拉多州一家企業的CEO霍尼・派克到華盛頓參加ASTD（美國培訓與發展協會）舉辦的一場「企業家智慧」論壇。派克的公司總部設在丹佛，主營業務是建築材

設想必須宏大 CHAPTER 3

料。這幾年整個美國的製造業形勢都不太好,政府宣導多年的資金回流美國的計畫收效甚微,這導致大量的建材公司的倒閉速度並沒有放緩。不過,他堅持與經濟學家保持距離,用自己的眼睛發現,用自己的「心」判斷,最後得出的結論是:我要做這個行業最好的公司,不但要活到最後,還要活得很好。

派克相信自己對未來的判斷,認為只有一線的企業家最能感受到經濟的變化,預知未來市場的走勢。他說:「美國在將來的十年內必將迎來再一次的製造業復興,因為全國各大城市的基建設施普遍到了使用年限。所以,建材公司的前景是樂觀的。」他拒絕了兩位經濟學家勸他撤出行業的建議,而是堅信自己的判斷。

我發現不少企業家——大概超過90%的人都喜歡到經濟學家那裡尋找答案,聽取他們對未來的預測。比如預測和計畫將來的20年:「我能做什麼,我能怎麼做?」他們跑去徵求建議,卻忽略了自己的判斷力。這個時候,他們便失去了作為企業家的自信。

■ 和「華爾街氣質」截然相反的人

像在本書一開始我提到的兩位畢業於名校的年輕人一樣,很多人來到華爾街工作僅僅幾個月後,就變成了徹底的不可逆轉的「華爾街人」,渾身上下散發著一股濃濃的金錢的味道——這是屬於華爾街的味道,是華爾街一百年來賦予人們的獨特氣質。它

頂│級│思│維

在鼓勵和發掘人性中的逐利動機時,也使人逐漸喪失了獨立的判斷力甚至是冷靜的頭腦。

在 2008 年的金融危機結束後,巴菲特曾經說過一句話:「誰能讓思想走出華爾街,誰就能贏得金融市場。」他表達了自己對投機者和跟風者的極大蔑視,認為一個投資者如果不能對市場做出僅屬於自己的判斷,註定會一敗塗地,不可能取得最終的成功。市場就像一個生命體,它完全有自己的運作規則,並不受人力的左右。你能否站在遠處觀望它,洞察它,發現它的弱點,決定了你的思維模式和行為模式是否經得起考驗。

作為全世界最強的投資者之一,以及海瑟威公司的創始人,巴菲特一直秉承老師格雷厄姆的「價值投資」理念。他不跟風,對市場向來有自己的判斷。他喜歡買「便宜貨」,而不是跟在人們身後追逐飛速上升的股價。在人心躁動的華爾街,他就像一個冷漠而行動遲緩的老者,似乎做什麼都要晚別人一步,可他總是那個笑到最後的人。

他說:「我不喜歡待在紐約,儘管那裡是世界金融中心。我把一年中的大部分時光送給故鄉的小鎮奧馬哈,在這裡我是快樂的,也是冷靜的。我能想到許多在曼哈頓想不到的東西,發現許多在交易所看不到的問題。」

在奧馬哈,巴菲特的房間布置得極為簡樸。裡面沒有電腦和成群結隊的市場顧問,只有兩種東西:由年報和報紙組成的資訊資料,以及一部電話。巴菲特不止一次地透露他最喜歡看的是大

設想必須宏大　CHAPTER 3

量的企業年報,因為從這些資訊中他能敏銳地判斷哪些才是真正的「便宜貨」,然後通過電話發出買進的指令。

有很多股票是大眾不看好的,包括相當數量的專業人士,但巴菲特有自己的看法,他堅持買進這些與熱點和流行的觀點相悖的股票。他不但買進,還會長期持有,用數倍的盈利回擊「大眾觀點」。在他的投資生涯中,最典型的一個案例當數《華盛頓郵報》。當時沒人看好這家報紙,但巴菲特認為這是一家值得在未來二十年內持有的優質股票,因為他看到了郵報的內在價值。結果證明他的判斷是正確的,別人都錯了。

■ 當大眾狂熱時,你看到了什麼

不過,當股票市場極度狂熱時,人們紛紛湧入,此時的巴菲特反而會感到危險的臨近。他本能地退縮,選擇退出。巴菲特說:「我看不懂這個狂漲的市場,我的靈感在枯竭,因此不能理解人們的行為。我的決定就是賣空股票。」於是,往往就在他撤離後不久,大規模的股災就會降臨。

當大眾十分狂熱時,像巴菲特這樣的頭腦看到的是災難的臨近,而不是豐美的蛋糕。他冷冷地站在一旁,等股市暴跌並且人心惶惶時,他再進去收拾殘局。每次股災後巴菲特都收穫頗豐,他揀到了大量的有價值的「便宜貨」,為未來數十年的獲利奠定了堅實的基礎。股市跌到谷底時,這時的價格非常低,到處都是拋售和等待能伸出援手的人,他很容易就能大量吃進。不客氣地

說，這就像一場巨大的潮水退去後在海灘上撿鹹魚的遊戲。

聰明的企業家人應當都像巴菲特一樣——能保持克制，並做出自己的判斷。不狂熱地跟在別人的屁股後面。否則，你既賺不到最大的紅利，也無法成為行業的領頭羊。相反，在市場瘋狂的表象背後，你如果不運用全景思維去理性分析，就會忽視那些最危險的信號。

樂觀既是大眾的優點，又是致命的盲點。缺乏獨立判斷力的人總在狂熱跟風時被殘酷的事實教訓。這些極度興奮並輸得一無所有的傢伙是贏家的陪襯。樂觀不好嗎？它當然是一種難能可貴的優點，但你要把它用到自己清醒的判斷上。

看到狼藉背後的機遇，與大眾「異向而行」。人們會對糟糕的市場膽戰心驚，於是連明明非常正確的常識也不敢去相信。但在此時，你要保持勇氣。就像巴菲特一樣，敢於在眾人都不看好時第一個進入。因為這時才會有占便宜的機會，它往往千載難逢。

設想必須宏大 CHAPTER 3

成功是馬拉松，
不是衝刺跑

像科斯塔在自己的專欄中所說，Facebook 的創始人馬克・祖克柏是一個不折不扣的產品天才，他擁有幾乎無窮盡的創造力與實現夢想的衝動。但他同時也明白，技術或者內容並不是商業的中心，真正值得尊重的是「人的力量」。他要建立的是一個資訊透明的世界，他也清醒地知道要為此付出多大代價。

因此，祖克柏在內部會議中經常說的一句話就是：「不要跑得太快，要看清我們應該做什麼。」這不僅體現了他卓然不凡的頂級戰略領導力，而且是 Facebook 之所以能夠成功的最重要的原因。他說：「成功是一場馬拉松而不是一次短跑衝刺，讓產品一鳴驚人固然是公司的追求，但清楚地知道何時放慢速度，何時全速前進，才是決策者要重點考慮的。這要求我們做到放棄、克制和堅韌。」必要的放棄與克制，是為了看清遠方，讓資源得到更合理的分配，避免在快速的衝刺中失控。這是強大的戰略思維能力的表現，現在很少有企業家能表現得像祖克柏一樣，在巨大的利益誘惑前像磐石一樣堅定和冷靜。

頂│級│思│維

■ 成長太快不一定是好事

祖克柏有這樣的感悟,是他看到了與 Facebook 同時代的交友網的興衰歷史。作為一家同樣有實力的社交網站,交友網的用戶增長速度非常快,結果公司本身的技術基礎支撐不起龐大的用戶數量,平台運行緩慢,最終被用戶拋棄。「快速成長」戰略這時體現了它致命的一面:當企業沒有做好準備時,成長太快就等於大步跑向死亡。

所以,當 Facebook 可以在更多的學校拓展更廣闊的用戶群時,祖克柏卻小心翼翼地放慢步伐,有意放緩對用戶需求的滿足,以確保公司的伺服器能夠「絕對應付」,而不是「勉強跟上」使用者數量劇增的新情況。他把專注力放到了升級伺服器與資料庫的工作上——他著眼的是將來能容納多少用戶,並讓技術基礎達到這個標準。所以 Facebook 的伺服器總是保持可以容納比現有用戶多出 10 倍的技術能力。

知道何時說「不」是頂級思維的一部分。「放棄」是戰略思維的重要部分。普通人從不想放棄——除非走進死胡同,但優秀人物卻能提前看到哪條路是走不通的,然後規劃好路徑。有些事情你要看到它的「可能性」,假如是很難走通的,就要及早說「不」。比如祖克柏曾經開發了一款名為 Wirehog 的軟體,是一個彼此分享內容(音樂、影片、文本)的平台。但當他看到用戶的認可度很低時,沒有繼續嘗試和推廣,而是立刻關掉了這款軟體。這其實並不是艱難的決定,而是屬於頂級思維的一部分——

設想必須宏大 CHAPTER 3

你要有足夠的意識和勇氣來進行類似的放棄。

你能做到「通曉一件事」,就已經是很大的成功。頂級思維要求你看到未來的每一個角度,以及對事物做全方位的觀察,但卻宣導專注地做好一兩件事。科斯塔說:「專注做好一件事是非常重要的,它對成功有著決定性的作用。特別對大公司而言更是這樣。」祖克柏就是這麼做的,他素來覺得大企業務必要保持業務的專注性,越分散經營,風險就越大,且很難形成自己的絕對優勢。

■ 看到終點比看到名次更重要

在 2005 年至 2009 年,中國的互聯網巨頭百度經歷了急速的擴張,從一個純粹的搜索提供商轉變為一家四面出擊的「巨無霸」公司。公司的實力獲得了前所未有的增長,排名在中國前列,是整個亞洲最具有影響力的互聯網公司之一。然而,擴張背後的代價是什麼呢?

利潤增長的悄然下滑:百度的財報告訴我們,隨著規模的逐漸增大,公司的利潤增長呈現明顯放緩的態勢。擴張不是無止境的,它總有終點,不知何時就會遇到瓶頸停滯下來。假如對此沒有準備,就會出現一系列問題。

內部管理的複雜與混亂:員工的快速增加讓內部管理變得更加複雜了,甚至讓人們聞到了一絲混亂的味道。有一位百度公司的管理者曾經說:「市場拓展部的人去跟技術部門溝通,就要跑

到對面的大廈去,在路上浪費 20 分鐘的時間。這不是一次兩次,是每天都在發生。」這說明企業的辦公格局沒有做好容納與安排這麼多人同時辦公的準備,管理和溝通成本都因此而迅速上升了。

逐漸增大的人才流失率:每家公司的 CEO 都想構建一個屬於自己的商業帝國,百度、阿里巴巴乃至 Google、Facebook 等企業的領袖都是這麼想的,但沒有預見性和必要準備的員工數量的短期增長,會直接帶來人才流失率加大的問題。你為這麼多的人才準備好職業規劃了嗎?能否提供充足的培訓和晉升機會?有沒有構建好足夠完善的企業文化?有一樣做不到位,就會有相當一大批人產生「離心」。

中層管理者的儲備不足:擴張太快也對百度的中層管理者提出了嚴峻的考驗。因為百度是技術主導的公司,中層幹部多有技術背景。在員工數量少時,他們可以倚仗自身的技術優勢採取一種「技術帶人」的管理思維。但後來,員工的數量已是一個天文數字,每個部門都塞滿了人。誇張地說,連走廊和過道都站滿了人,他們就必須轉變為一種「行政管人」的管理思維。可以預見的是,這種轉變的難度是非常大的。沒有儲備好相應的管理人才,是百度公司當時面臨的主要難題之一。

當時,百度公司最大的挑戰可能不是如何擴張,而是怎樣消化掉已有的業務,並整合管理結構與技術平台,打好新的基礎。消化既是整合,又是創新,要讓已有的業務更為精細、高效,挖

設想必須宏大　CHAPTER 3

掘其中的每一個利潤點。這不意味著讓你放棄繼續投入和擴張，而是必須保持兩者的平衡和同步進行，否則就可能摔跟頭。

可見，作為一個企業管理者，你的「終點」是不是選對了、目標是不是可靠，決定了你能否持續成長。現在很多企業家都看不清終點，本質上就是不知道自己要做什麼，甚至看不到未來十幾年內的目標。用這種思維去管理企業，就會出大問題。頂級思維首先是對企業管理者的要求，是對我們視野與定位能力的要求——只有看到了，才有機會做到。

CHAPTER 4

謹慎
做出決策

什麼是關鍵時刻

不要忽略反對意見

在無路可走時敢於冒險

決策要有可行性

最好的決策從來都不是一個人的遊戲，而是情報和資料綜合分析的自然結果；決策是不同意見的碰撞，是思維的反復博弈，而你需要在反對的聲音中發現自己想要的東西；決策既是一個「方向問題」，也是一個「資源問題」。如果一個人總能做出獨特而且正確的「好決策」，他一定是做對了某些事情。

關鍵時刻，
勇敢做決定

這些年來，我的公司會定期召開未來一段時期的發展研討會議，所有分支機構的負責人都會到場。他們經常向總公司的管理層彙報近期的經營和培訓計畫。我在發言時很少評判分公司的工作細節，但卻經常提醒他們要注意決策的方向。因為我知道，方向是決策者的原則性問題——方向錯了，細節再專業也沒有任何價值。

企業的領導者每天都需要很快做出決策。有些決策是戰術性的，但關鍵的決策都是戰略性的。這些至關重要的戰略決策關係到企業能否獲得持續的成功，也涉及每個人的具體利益和企業資源的分配、組織和動員，就像一艘巨輪的航向。你一旦做出一個戰略決策之後，就意味著整個團隊、所有部門的全體員工均要動員起來，一起朝這個方向努力。如果在之後的工作中發現需要更改戰略，重新制定方向，將是一件極為困難的事情。因此，做決策就是做承諾，既是對市場，也是對團隊的承諾。對管理者而言，把握決策的方向是涉及公司生死的問題。

謹慎做出決策　CHAPTER 4

■ 正確的戰略方向是正確決策的基礎

2012 年的元旦,我到上海的一家企業經營戰略管理諮詢中心出席諮詢會議。到場的有數十家中大型企業,接近三分之一是中國企業,另有三分之一是日韓公司,還有三分之一是美國和新加坡的公司。在座談中,我發現大多數的中國公司制定發展戰略時,「制度性」地忽略了對於未來發展方向的確定。或者說,企業的帶頭人雖然喜歡做決策,也精於決策,但大多是戰術性的決策,缺乏對戰略方向的把控。

這就導致他們的企業在經歷成長初期的飛速發展後很快就出現了問題,特別是難以突破 3 年到 5 年這個生死關。有位當地公司的老總嘆氣說:「我 6 年前開始起步,賣建材,賣裝修用品,著眼房地產市場。前幾年沒少賺錢,因為市場火爆,但這兩年明顯感覺不行了,似乎一夜間產品就賣不出去了。問題出在哪裡?我想了想,覺得是市場在縮小、競爭對手卻增加了,這樣下去我是不是該撤退了?」這位老總的問題就是我提到的,他在公司發展最好的階段只是沿著市場的走勢做出戰術性的決策——擴大生產或開拓客戶,沒有對未來 10 年左右的市場趨勢和中國的經濟環境做出根本性的預測。

我對他說:「方向是什麼?方向就是你對行業的未來趨勢有清醒的認識和長遠的打算,針對公司的定位做出明確的戰略決策。市場好時怎麼發展,市場差時如何轉型?這些都需要你提前規劃,而不是只把產業的發展方向作為企業的經營方針,或者只

在技術層面做出規劃。」

當企業家混淆了兩者的區別或沒有方向感,他做出的決策就可能僅僅起到短期效果。這樣的公司就會在幾年後遇到巨大的麻煩,因為市場是冷酷的,它不可能一直偏愛某類企業,也不可能始終圍繞一種產品轉。

比如說,過去的十年中,中國的彩電企業出現了曠日持久的價格大戰。諸多彩電品牌陷入同質化競爭,遲遲不能從這種尷尬的市場泥潭中擺脫,就是因為這些企業的決策者沒有方向意識,沒人能開拓出新的發展方向,也沒有人在決策時產生新的思維。那麼長期發展下來,必然集體撞牆,然後在突然發現「市場晴轉多雲」時手足無措。

戰略方向正確,投資才有長期回報。我時常聽人講「要長遠投資」,說起未來頭頭是道,但沒有看到他們制定一個正確的投資路徑:做什麼?怎麼做?這是一個方向問題。所以許多天使投資人很難達到羅傑斯這樣的級別,因為他們沒有眼光,看不到一個可以持續賺錢的方向。這不僅需要可行性研究,更需要對市場和經濟環境進行把脈——依據正確的戰略方向,投資者的錢才能借雞生蛋。決定投資是否正確的因素不僅是你有沒有發現一個有潛質的項目和一個強大的團隊,還有一個方向性的問題。因此羅傑斯才說:「想迎著陽光,就得知道太陽在哪裡升起!」

謹慎做出決策　CHAPTER **4**

■ **選擇並走好一條路**

　　對每一個企業的決策者而言，選擇和確定一個長期的戰略方向都是一件頗有難度的事情。沒人可以從容地決定未來 10 年甚至 20 年的主要業務和商業模式，這決定了高明的決策者總是非常罕見，甚至連那些世界知名的企業家也會在這方面犯一些錯誤。

　　例如，發展勢頭不錯的春蘭公司曾經在中國紅極一時，但因為在 20 世紀 90 年代做出了多元化發展的決策，最終導致公司走向滑坡，經營持續虧損並被上交所停牌。另外，在 21 世紀初，聯想集團也曾因向多元化轉型而遭到挫敗，不得不回歸自己的 PC 主業，才重新走上了持續發展的道路。

　　由於戰略決策的失誤、選錯方向而使事業走向衰敗的例子還有很多，參與決策的人並非沒有長遠的眼光和專業的思維分析能力，但他們對未來的發展方向做出了錯誤的判斷──僅僅是一次失誤，就可能葬送自己的企業。

　　「跟著市場走就一定對嗎？」在上海，一家公司的老總問我。他的困惑是，許多市場熱點很難在企業的經營業績中反映出來，這讓他感覺市場有時也是騙人的，市場給出的方向具有迷惑性。很顯然，這說明「市場走勢」或「價格變動」並不是左右決策的根本性因素。巴菲特對此一定有發言權，因為他從來不把市場因素放在眼裡。要避免風險和失敗，你就必須有穿透市場迷霧看到其背後本質的決策思維，要去研究價格波動的規律，然後制

105

定聰明的戰略，走向大眾選擇的反方向。當你選好一條道路時——假如它是正確的，你就要堅持走下去，直到突破阻礙，見到效果。

不要忽視「反對意見」

羅傑斯曾說：「我在做出購買某個基金的決定前，總喜歡徵求顧問的意見。儘管我不怎麼聽他們的。」作為華爾街的風雲人物、這個世界上最有遠見的投資家之一，羅傑斯深知「做出最佳決策」對企業有多麼重要。他自己有超強的預見力，並以此為傲，但他同樣沒有忽視團隊的聲音，特別是反對者。因為這讓他有機會知道哪些東西是自己沒有想到的。

所以，在 ASTD 的一次年會上我說：「沒有反對聲音的決定是危險的，這不是英明的領導者要追求的局面。你不管做何等重要的決策，都要聽一聽反對者的意見。」

謹慎做出決策　CHAPTER 4

■ 英明的決策總有「反對聲音」

很多小有成績的企業家做決策時都有「獨斷專行」的傾向。他們對昨日的成功念念不忘，無視一些已經發生變化的現實，不能容忍「一針見血」的批評。我把這類企業家稱為「行將就木的年輕人」——年齡不大但卻固執保守，言行舉止充滿了自負的色彩。

有一次我受邀去丹佛的某科技公司。公司成立剛 4 年，CEO 墨菲是一個只有 32 歲的大男孩，但他在短短的 4 年中取得的成績可能比一個普通人忙碌數百年的成就還大。比如，他的公司實現了從零到一億美元的突破；他的業務遍布全美，主營產品的市場占有率高達 17%，連 IBM、思科、奇異這些巨頭也來找他洽談長期合作，許給他極具誘惑力的條件；他在美國東海岸有三棟別墅，名下有 38 輛豪車，每天都有名流達士登門拜訪，還有人想幫他出版傳記。然而，在他正向巔峰攀登之時，在我眼中他的末路也開始了。

原因是：他逐漸變成一個聽不得反對意見的獨斷專行的老闆。

墨菲自信地對我說：「我無比確信自己的判斷能力和決定的正確性，這是過去幾年的事實頻頻驗證的。當初團隊的骨幹反對我開發新型路由設備，我力排眾議，現在市場的反應證明我們比 Google 做得還要好！現在，我希望研發新的跨時代的通訊設備，沒有人能質疑這個決定，因為它會給全體股東帶來不可想像的利益！」

我對他說:「即便如此,你也要聽一聽股東和你的市場顧問會說什麼。」

「沒有必要!」

這是他的回答。墨菲也確實這麼做了,他認為一個英明的決策是需要獨斷專行的,不必聽取任何下屬的其他想法。可事實恰恰相反,偉大的決策通常都是戰勝了無數的反對聲音後才脫穎而出的高效決定,它不屬於領導者個人,而經常是屬於集體智慧。這不僅是決策問題,更是一個思維問題。墨菲若繼續保持這個狀態,我為他的事業和他的公司感到憂慮。

一定要避免你的決策「一次性無條件通過」。墨菲對未來犯下了一個危險的錯誤,同時這也是多數企業家最容易忽視的錯誤──聽不得反對的聲音。你希望自己提出的任何決定與決策都沒有反對者,這可以理解,但並不可行。凡是「一次性無條件通過」的決策都往往容易引發巨大的風險。這說明你很難從旁人的角度聽到不同的見解,你的視野決定企業的未來,你的思維轉化成了團隊的行為,難保不出問題。退一萬步講,即便你是一個從不犯錯的人,企業也很難真正成長起來,因為它的興衰全系於你一人之身。

你要在「反對聲音」中獲取靈感補充決策。聽取反對者的觀點並非為了彰顯自己的胸懷。我們不要下屬拼命附和或者唯唯諾諾,而是求取他們的真知灼見。這既是為了保證決策的全面、合理,也是對決策制衡的追求。有的企業制衡機制差,開會時沒人

謹慎做出決策　CHAPTER 4

敢反駁老闆的發言，經常鴉雀無聲一致通過，老闆就算想聽一聽不同的聲音都做不到。這種情況下做出來的決策是不完美的，也是達不到最佳效果的。我宣導企業家們在做決策時把自己的觀點放到最後再說——先讓下屬暢所欲言，聽完了他們每個人的觀點，再綜合考慮做出決定。

要在罵聲中尋找需求

360公司的總裁周鴻禕對員工說過一句特別著名的話：「你們要從客戶的罵聲中尋找需求。」被罵不是一件壞事，沒人理睬（罵你都沒興趣）才真正令人絕望。罵聲和批評聲是我們修訂決策的動力，也是一個很現實的參考，它能讓你發現哪些地方需要改進、哪些地方應該提升。

周鴻禕說，360公司當初做了一個叫作360密盤的產品。這是一個在今天被定義為「失敗產品」的東西，也是失敗的決策。設計人員想當然地幫助用戶虛擬出了一個X盤，主要用於存儲加密檔案。但使用者不理解其中的操作步驟，人們把檔案放在X盤裡後，覺得電腦原先D盤中的檔案太占用空間了，點一下滑鼠就刪掉了。但刪掉之後呢？用戶在那個虛擬的X盤中找不到加密檔案，非常憤怒，罵聲和批評聲源源不斷。

「對於這樣的產品，很多使用者理解不了什麼是『同步』。」周鴻禕說，「他們投訴公司的產品，說我辛辛苦苦地將相片保存到了網盤裡，怎麼丟了呢？公司的技術人員趕緊幫他們

看，發現是用戶上傳完畢之後，認為已經存到了網路上，就把網盤目錄中的檔案刪了。刪了後一同步，網盤中自然也刪掉了他的相片。但是使用者永遠沒有錯，這要求我們改進產品，做出更好的決策，讓產品的操作步驟符合使用者的思維，這才能留住用戶。」

當你做出一個決策後，面對罵聲與批評，應該如何應對？

「罵聲」的背後是「市場」。賈伯斯曾經說：「產品決策不是坐在舒適的辦公室構思出來的，它需要你傾聽使用者的聲音，滿足用戶的一切需求。」所以賈伯斯是一個信奉完美主義的天才企業領袖，他認為用戶的批評不是壞事，反而讓你看到真正的市場。

聰明的企業家能夠從用戶的罵聲甚至摒棄中找到產品存在的問題，進而對市場有了全面的了解。就像周鴻禕說的，聽聽罵聲沒什麼，做出讓用戶滿意的決定才是決策的目的。不少企業家都有一種養尊處優、高高在上的心理，對用戶的質疑不屑一顧，對下屬的批評也充耳不聞，這麼下去的結果就是做不出好的決策，也想不到、看不到自己的問題了。

要從「批評和反對」中修訂決策，讓它變得更合理。面對反對聲音，就是盡可能傾聽每一個決策相關者的隱含需求，聽聽他們想要什麼，看看他們想做什麼。如此一來，就可以搜集更全面的資訊，來修訂我們的決策──讓決策符合大多數人的需求。這也是提升我們「決策思維」和「決策效率」的一個重要步驟。

謹慎做出決策　CHAPTER 4

你知道多少，
決定了你能得到多少

　　美高梅夢幻酒店是拉斯維加斯第一家開發旅遊休閒市場的博彩度假酒店。1989 年酒店開業時耗費的資金已經高達 6.3 億美元，建成了全世界最大的天幕，設有 3,000 多間客房與別墅，配有會議室與火山表演等。夢幻酒店還有秘密花園的海豚表演，吸引小朋友們在家長的帶領下成為這裡的忠實小客人，順便讓他們的父母去消費其他的項目。而且，酒店還為全世界的客人提供「個人生日派對」服務，每個人都能和海豚一起過生日，並被酒店全體員工送上祝福。

　　這是一家世界級的著名酒店，很多人都在想美高梅夢幻酒店是如何取得如此驕人成績的，以至於在拉斯維加斯，只要你想找一個酒店住宿，隨便一個計程車司機都會脫口而出：「先生，你是要去美高梅夢幻酒店嗎？」有這樣的成就，是和酒店高層的決策者對市場訊息的重視分不開的。美高梅夢幻酒店的管理層擁有宏觀的戰略決策視野，始終把「爭奪競爭的主動權」放到經營決策的第一位，這保證了酒店總能夠在第一時間做出正確的決策，走在強大對手的前面。

　　為了在資訊獲取方面搶占先機，該酒店成立了資訊戰略部

門。「控制資訊就是控制了企業的命運，失去資訊就是失去了一切。」這句話在西方是非常流行的。資訊是如此重要，它決定著企業的生死，當然也決定了企業家的成敗。美高梅夢幻酒店的高層在酒店開業之初，就成立了一個資訊戰略部門，部門的日常工作就是負責競爭情報與市場訊息的收集、整理和研究——大小資訊無所不包，全部收集整理出來，然後幫助高層從中分析出競爭環境和行業的發展趨勢，特別是競爭對手的情況等。有了這些資訊的支撐，酒店的管理者就可以做出最及時的反應，並調整夢幻酒店的發展策略。所以，在拉斯維加斯有人說：「夢幻酒店有這個世界上最新穎的活動，它總是第一個聽到市場的聲音。」

各部門管理者對資訊和情報都非常重視。在美高梅夢幻酒店的每一個部門，資訊與情報的收集都是重中之重的工作。它的每一名管理者都認識到了資訊情報競爭的重要性，不僅平時從資訊戰略部門不定期地接收關鍵資訊，而且部門內部也有專門負責資訊情報收集工作的人員，還會從酒店的外包商中挑選固定的優質的情報合作夥伴，根據業務的需要，來形成自己獨特的資訊管理體系。

有了這兩個層級對不同方向的資訊的高度重視，以及對情報的專業分析，美高梅夢幻酒店才能在不足 20 年的時間內發展成為當地最知名的集住宿、娛樂為一體的酒店集團。相比之下，許多成立比它還要早的酒店卻因自己對市場反應的遲鈍、對資訊情報的忽視而逐漸衰落下去。

謹慎做出決策　CHAPTER 4

■ 資訊和情報永遠是第一位

在當時和墨菲的交流中，我還發現他有另一個致命的缺點：對市場訊息變化與競爭對手情況的漠視。墨菲高估了自己的判斷力，總認為他對市場和未來的發展趨勢有著獨特的見解與分析。換句話說，他覺得自己是一個掌握了成功鑰匙的人，因此沒必要過分地了解對手。正是由於這種心理，墨菲在後面的經營中吃了大虧，逐漸失去了企業剛成立時的銳氣。

在著名的沃爾森法則中，資訊情報的競爭被放到了無比重要的位置上。甚至可以這樣說：沒有第一手的資訊和情報，你很難贏得競爭，或者做出最及時的決策。決策的基礎總是由資訊決定的，而不是你自己的猜想。

日本的「尿布大王」多博川：不起眼的情報提供了巨大的市場。日本的尼西奇公司一開始不是生產尿布的，而是一家生產雨傘的小企業。當時它的董事長多博川也沒有現在這麼出名，就像今天無數的中企業主一樣默默無聞。但一次偶然的機會，他讀到了一份最新的人口普查報告。這份報告上說，日本每年有 250 萬新生嬰兒，但是相應的婦幼用品的供應量卻沒有跟上。

別人看到這個報告頂多一笑置之，然後扔到一邊，但多博川馬上意識到：「我的機會來了。」他立即發現尿布這個小商品有著巨大的潛在市場，足以讓他的企業成為全日本最大的生產婦幼產品的公司。他想，即便按每個嬰兒每年最低消費 2 條尿布計算，一年還有 500 萬條的市場，潛力是非常大的。於是，多博川

馬上召集公司高層開會，決定轉生產大企業不屑一顧的尿布。結果，他生產的尿布在日本暢銷後，還占有了全世界尿布銷量 30% 的市場，成了名副其實的「尿布大王」。

三星公司的情報戰：充分利用資訊的時效價值。十幾年前，韓國的三星公司派駐美國辦事處的一名員工無意間讀到了一則消息：美國最後一家生產銷售吉他的公司就要倒閉了。他隱約從中看出了點什麼，馬上把消息傳回了總公司。三星公司的情報機構立刻對這則資訊進行了分析，認為：吉他對美國人來說是非常重要的，在這家工廠倒閉後，美國很可能會採取一定的措施來禁止吉他進口，從而保護國內的這一產業。於是，三星公司決定抓住這一短暫的時機，用最快的速度運了一批吉他到美國，存放在倉庫中。果然沒多久，美國國會就提高了吉他的進口關稅，限制國外相關產品進入美國。由於三星公司已經有大量的存貨，因此借機賺取了很大的利潤。

資訊和情報是正確決策的基礎。決策者面對的對象其實並不是企業，而是市場，是無比廣闊並且危險的商業競爭。有很多不為人知、瞬息萬變的商業資訊，如果你對此一無所知，那麼就會陷入困境。就像一個人突然走進了漆黑的房間，你怎麼知道哪裡才是安全的？企業能否在這樣的市場環境中生存下去，一定程度上取決於你占有或者知道了多少情報、訊息及與此有關的資訊，並且還取決於你獲得它們的速度、掌握資訊情報以後加以利用的效率等。總之，你要做出正確的決策，就必須去獲取情報，在情

謹慎做出決策 CHAPTER 4

報戰中率先獲勝。這能讓你立於不敗之地，就像第二次世界大戰英美對德日兩國的「情報破譯戰」一樣：贏得情報戰爭的一方最終獲得了最後的勝利。

商機經常隱藏在不起眼的資訊之中。平時你會注意一份簡單的人口普查報告嗎？可能你只是掃一眼然後束之高閣；也可能關注到了重要的資料，但它無法引起你的聯想。多博川就能做到——他從不起眼的資訊中發現商機，並且利用商機，讓企業和自己大獲成功。這需要你對市場擁有敏銳的觀察力，對資訊具備天然的敏感度，以及分析和加工資訊的能力。越是不可估量的商機，就越是藏在容易被人忽視的角落，就像價值連城的寶貝總是深藏地下一樣。你要關注各種各樣的資訊，對它們分類識別，找出能夠利用的機遇，做出針對性的決策。

■ 獲取情報的五項原則

在決策之前，最重要的工作就是獲取情報。它對企業至關重要，對你的思維補充同樣十分關鍵。現在隨著互聯網的發展和溝通工具的多樣化，有許多實用的方法可以幫助你從不同的管道獲取資訊，以達到精確和及時決策的目的。

隨時隨地的聆聽：從發言中獲取資訊。我鼓勵所有的企業家和管理者坐下來多多參加自己內部的工作會議，去各個部門聽一聽下屬的發言，甚至從他們的吵架中獲取資訊。你要做好傾聽任何人的建議的準備，因為每個人在各自的位置都有觀察和總結的

不同角度，他們的資訊是非常有價值的，是你在辦公室絕對無法掌握的情況。

利用公開的資訊平台：從新聞中收集和整理資訊。許多知名企業的 CEO 告訴我，他們平時一直堅持的習慣就是看電視新聞，特別是新聞頻道的國家新聞和專業頻道的產業新聞，因為可以方便地收集整理相關行業的資訊，甚至也能看到競爭對手的動態。巴菲特最大的愛好除了讀年報，就是看新聞。去不同企業的官方網站看他們的最新消息也是一個管道，這往往是比較精確的資訊搜集工具。不過，它的缺點是時效性較差，往往在事件發生一段時間後，才會登上這些公開的資訊平台。

分析各類招聘廣告：判斷對手的經營情況和未來方向。你會抽出時間到招聘網站研究競爭對手的招聘廣告嗎？很多人對此是不以為然的，但我要說的是——它能告訴你這些企業都在尋找什麼樣的人才。通過長時間的分析，你既能預測到對手的經營情況和未來的發展方向，也能判斷出對方的某些意圖。當然，這建立在你對對手已經有相當了解的基礎上，才能從蛛絲馬跡中發現不一樣的訊息。

關注銷售人員的回饋：第一時間了解市場訊息。聰明的企業家會格外關注銷售人員的動態，了解他們的觀點。因為銷售人員始終身處市場的第一線，他們不但衝鋒陷陣，而且對市場的變化有深刻的認識。所以，你要想知道市場的情況，就必須聽一聽銷售人員的資訊回饋。你可以從自己的銷售部門那裡獲得情報，也

謹慎做出決策　CHAPTER 4

可以去向對手的銷售人員「下手」——從他們那裡獲得第一手的寶貴資訊。這就是為什麼越是世界級的大公司，就越喜歡「收買」對手的一線銷售人員的原因。

廣泛的結交：從不同行業的人士那裡獲取情報。我曾經用不到 5 年的時間為自己準備了多達百人的行業分析師、專家和媒體資源。這種大範圍的結交為我儲備了雄厚的情報資源，因為這些人的日常工作便是報導和分析行業，擁有大量的有價值的資訊，而且總是新鮮的。所以，當你和不同的行業專家、媒體記者成為朋友後，這些資訊就會免費送到你的手上。只要你願意交換，便總能從他們那裡得到第一手情報。

必須走自己的路，讓別人模仿我

可口可樂在它一百多年的歷史中，始終堅持引領潮流的路線：「一直被模仿，從未被超越。」這是由它成立之初的一任又一任的首席執行官決定並且延續下來的戰略模式。「我要讓別人模仿我，而不是我去學習別人。」可口可樂在全球銷售中的每一

天都驗證了這種思維的威力。沒有哪家公司能夠輕易地追上它，而它已創造了一個難以超越的傳奇，成為飲料行業的代名詞。

當你決定某條路線時，必須使自己擁有這種「開拓思維」：我做出的決策是前人沒有的，後人只能跟隨而無法超越。問題在於，多數企業家對市場的定位不清，缺乏「宏觀構思」的能力。他們的決策視野受限，因此採取了一條看起來安全的跟隨策略：「我決定跟在市場引領者的後面，成為第二名、第三名也是非常偉大的選擇。」

無法做出創造性決策是人們的通病。在思考和決定大部分問題時，保守的想法充斥人的頭腦。他們很難有出類拔萃的決策，企業就像一輛卡在擁擠的高速公路上的汽車，跟在前車的後面亦步亦趨。

■ 做出你自己的品牌

從某種角度看，一名時代領袖的光環取決於他有沒有在歷史上寫下自己的名字。就像喬丹和李寧對各自運動品牌的貢獻一樣，人們想到他們的名字就會立刻聯想到他們推出的運動服裝。

你要做自己的品牌，而不是替別人開拓市場。

你要為企業植入自己的思維，而不是一味採集眾長。

你要建立自己的商業模式，而不是學習和模仿對手。

「頂級思維」是在複雜的情勢中不斷進取、採取對應策略的思維，也是創新、獨立自主的思維。「汽車瘋子」李書福說：

謹慎做出決策　CHAPTER 4

「別人沒有做的，我們更應該做。就算無力回天，沒什麼效果，也可以提供一個參考。世界上任何一個能夠做大、做強和做好的企業都不可能用別人的品牌。所以我的目標是在自己的土地上長出雄偉粗壯的白樺林。」李書福被人們視為異端和異類，他拒絕進口和複製歐美模式，而是做出了自主創新的決策。

做自己的品牌，是追求「永遠領先一步」的戰略思維，也是一種可以帶來長贏的決策。科斯塔在對祖克柏的長篇採訪中說：「祖克柏認為，如果有一天 Facebook 不再是這個行業的絕對領導者，那就意味著他需要創造新的品牌了。因為不能領先，就是失敗。」

這對年輕創業者的啟示是什麼？是變革你的決策思維。決策不是為了生存，而是「比別人生存得更好」，讓企業永遠站在市場的第一排，才是決策者的目標。

■ 創新，不斷地創新

有一次我去北京參加一場創業論壇，有數百名 30 歲以下的年輕人坐在台下。大家都有資金、有雄心、有激情，到這裡來是為了一個「決策」的選擇：「我到底要做什麼？」決定把錢投到什麼地方，是一個非常關鍵的問題，既要找一個投資方向，又要開拓一條創新的道路。

主持人問我：「這兩年微信非常火爆，許多互聯網巨頭也在跟進，創業者可以瞄準這塊市場嗎？」

頂│級│思│維

　　我回答道:「互聯網巨頭可以憑藉巨大的資金把市場撬走一大塊,你們憑的是什麼?如果你手裡也有一千億,那不用創業了,直接投到保賺不賠的基金中,在家坐收紅利豈不是更好?所以決策的問題經常需要我們反過來思考。你不要想我為什麼要做,要想『我為什麼不能做』。微信之所以讓大家都看到了商機,是因為它已經占領市場,讓你意識到了它的價值。那麼現在你再做一個類似的產品,你永遠沒有機會。互聯網巨頭也沒有機會超過它。」

　　這就是「先人一步」的決策帶來的效果,微信就是一個「領先性決策」的產品,它為騰訊公司帶來了市場的壟斷。因此,後來者的生存機會不是去學習它,而是做出不一樣的決定。你一定要想到一種全新的產品,然後創造新的市場。在這個新的市場中,你是走在最前面的那個人。那時,你贏的概率就是最大的。

　　用創新製造新層次的競爭,然後爭奪競爭規則的制定權。沒有什麼能夠比創新更能推動競爭的進化。優秀的企業家可以看到埋在冰層下面的新市場,並通過創新決策把它挖掘和釋放出來。在新的競爭中,走在最前面的人有機會設定規則,利用規則使自己立於不敗之地。就像新浪推出微博後,騰訊也跟著做自己的微博,但無論如何都競爭不過新浪,因為新浪已經為微博這個產品設定了技術應用和市場開發的規則。當騰訊推出微信後,局面馬上就得到了扭轉,因為微信屬於新層次的競爭,是和微博完全不同的產品。這就是創新決策的力量。

謹慎做出決策　CHAPTER **4**

帶著「饑餓感」去做決策，用新思維去顛覆舊機制。決策者對未來要有饑餓感。這是賈伯斯的觀點。他在斯坦福的年會上提到了一個詞：「Stay hungry。」企業家要保持饑餓，對現狀永不滿足，對舊的機制充滿痛恨。帶著這種狀態去做決策，就容易產生全新的思維，去顛覆「傳統帝國」，建立屬於自己的帝國。

▎不要優柔寡斷，要敢於冒險

有一次，我和科斯塔完成了一次對 50 名全球成長最快的企業 CEO 的聯合採訪。在採訪中我們發現，這些企業家在做決策時都具有一個鮮明的特點——他們很少用大量的時間來論證或爭吵，也不會把主要精力放到傾聽下屬不同的觀點或調和各部門的利益上，而是總能跳出爭論果斷做出決定。他們對未來要走哪一條道路、要遵循哪一些原則有著清醒的認識，總能為決策刻上自己的影子。

就像周鴻禕在談及自己的成功時說到的：「我認為成功是一種偶然，成功也需要運氣。所以要保持敏銳度，不斷地試錯，不能害怕失敗。」如果你認為成功是一種必然的結果——「我就是要成功或失敗！」那麼事情就壞了，這種必然論的思維讓人迷失方向感，過於相信市場的安排，最終會變得什麼都不敢做。或者說，會讓你對冒險失去興趣，對舊體制也會感到麻木。因為你不相信自己抓住機會就有可能改變結果。

越是成功的企業家就越敢於冒險。他們知道自己必須做一個

決定，哪怕是最壞的決定，也比不做決定要強。所以，果斷和冒險經常同時出現，是頂級思維的一大特質。相反，我們在那些缺乏頂級思維的人中往往看不到這種極具探索力的精神——他們僵化而保守，任何冒險性的決定都不想做。

無法執行的決策一定是壞決策

有一群老鼠生活在一個有貓的地方，這當然是很惡劣的環境。牠們東躲西藏，吃盡了貓的苦頭。直到有一天，老鼠們不想再忍了，聚集在一起召開了全體大會，共商對付貓的大計，希望能夠一勞永逸地改善種族的生存環境。

老鼠們在會議上紛紛冥思苦想，想到了各種各樣的辦法，比如改變貓的飲食愛好，培養牠吃魚吃雞的新習慣；研製能夠毒死貓的藥物，讓牠吃了就一命嗚呼；把貓趕出這個地方，通過戰爭換來徹底的太平……大家覺得這些都很不靠譜。最後有一隻老奸巨猾的老鼠站出來，出了一個非常高明的主意：在貓的脖子上掛一個鈴鐺，只要貓一動，老鼠們就能聽到響聲，然後就可以迅速

謹慎做出決策　CHAPTER 4

躲起來。

「這個主意非常棒！」老鼠們說，「接下來就是執行了。」但是誰去執行呢？這是一個送死的任務，於是新的難題出現了──決策無法執行。老鼠們宣布了重賞，但不管什麼高招都沒有老鼠願意去「鼠送貓口」的。所以，儘管想到了辦法，但老鼠們的處境還是和以前一樣危險，每天處在貓的威脅之下。

■ 你做過無法執行的決策嗎

我們採訪了這幾年公認的排名世界前 50 的企業 CEO 和優秀的投資公司的經理人，他們對此的看法是：一個好的決策並非收益最大的，而是性價比最高的。中石油的一位企業高管說：「一個不能夠轉化為現實的好決策是沒有任何意義的。」他提到了中石油的非洲戰略，講到了公司在蘇丹的一次失敗計畫──阻礙那次油田開採計畫的是反政府武裝與政府軍之間突然爆發的戰爭。

「總有些因素會始終存在，中石油沒有考慮到當地的治安形勢，因此做出了一個失敗的決定。那個決定在紙面上是美好的，會為公司帶來源源不斷的收益。這是一個理想狀況，沒有考慮到實施的困難。後來我們撤出了所有的開採部門的人員，轉而去別的地方採油。」

當決策無法執行或執行成本非常大時，相關的資源浪費就已經產生了。這對決策者是艱巨的考驗，你要有超前的判斷力，根據情報分析市場的規律，想到一切可能的情況。在這些資訊的基

礎上，去做出一個合理的決策。

　　做決策前，你要把自己定位於一個行動者。決策不在於有多麼的英明，而在於它是否可以合理地執行下去並取得計畫中的收益。企業家和部門的管理者要首先把自己視為一個執行者，站在執行者的角度預演決策的行動過程。這時你就能看到一些「高高在上」時無法看清的問題。你可以換位思考一下：「假如我是一個行動部門的負責人和一線員工，是專案的財務人員和銷售經理，公司的這個決策對我意味著什麼？」如果決策和計畫讓執行者感到憤怒、為難、委屈，那麼它就是不可行的。

　　錯誤的決策如果堅定地執行，會帶來更大的災難。科斯塔說：「許多企業家都無比重視執行的效率，他們年復一年地向員工灌輸執行思維。但他們不清楚的是，如果決策是錯誤的，那麼強調『超級的執行』反而會讓企業陷入更大的困境。」尤其是那些「不可執行」的決策，一旦被團隊成員「團結一致」地貫徹下去，浪費的成本是驚人的，給企業帶來的損失也是無法挽回的。有的企業家每天都在強調要提高組織的執行力，卻沒有就決策的正確性進行思考。這種思維是如此常見，我在參加培訓的創業者和部門經理的身上經常能夠看到──他們堅定而無畏地走進死胡同。

謹慎做出決策　CHAPTER 4

▪ 應首先考慮決策的可行性

我一再對參加培訓的企業家講到一個「陌生」的經營詞彙：可行性思維。它是決策思維中的重要部分，甚至是進行決策的基礎。可行性思維要求我們在做一個決定時，必須優先考慮它的「執行係數」：

能不能解決執行中的關鍵困難？

需要動用的資源是否超出了企業的負擔能力？

有沒有觸碰法律、政策與行業規定的底線？

決策要解決的是「我們應該做什麼」，執行面臨的則是「我們應該怎樣做」。兩者之間的橋樑就是「可行性」，這是企業家應該在第一時間考慮並且解決的問題。對於一個優秀的決策者而言，只有高明的想法是遠遠不夠的，最重要的是合理的手段與較低的執行成本——後者在大多數時候提前決定了我們與他人競爭的勝敗。

CHAPTER 5

人不對，
一切都白費

創造成長的機會
利他就是最好的利己
人才管理與人才培養
發揮你的影響力

失敗的管理者各有難言之隱，成功的企業家卻一定有一個共同的特徵——用對了人。用人並不只是簡單的授權，它是一項宏大的組織工程；一名優秀的企業家不僅能發現對的人，還能把他們放到合適的位置上，並對他們有足夠的信任；他們可以看到人才的現在，也能看到人才的未來——這不是輕而易舉可以做到的，你需要嚴格遵循一些基本的原則。

頂│級│思│維

企業做大的關鍵是「人」

任何時代,無論規模多大的公司都會把追求高額的利潤作為經營的第一要務,利潤成了企業生存和擴大的重中之重,也是創業者的目標。就像華爾街的所有投資公司在基金和股票市場表現出來的貪婪一樣。

「利潤是無罪的。」A-X投行的基金操盤手萊曼說,「每個人都是為金錢服務的,包括我也是。」萊曼的公司在曼哈頓一棟32層高的大廈中。他旗下有120名雇員,為了幫公司賺錢,幾乎每天都工作到深夜。但是萊曼並不快樂,他發現自己在管理中累極了,因為坐在辦公室中的是120隻「狼」。

企業的管理者和部門主管為了實現利益的最大化,有意或者無意地忽略自己應該承擔的「對於人的責任」,也丟掉了對人的思考,只管讓帳簿上的數字不斷增加,卻對員工的福利待遇和職業幸福感毫不在意。這是一種冷酷的經營思維。久而久之,不重視雇員的行為就會發生變異,演變成企業中的「隱形毒瘤」——員工對企業的信任度和忠誠度逐漸降低,離職率也會增加,最終受到傷害的還是企業的競爭力。

盛田昭夫作為日本家電領域巨頭索尼公司的創始人,他就把

人不對，一切都白費 CHAPTER 5

「人」放在利潤的前面。他認為人永遠比利潤重要。他說，索尼並沒有什麼神秘的成功之道，能夠使索尼獲得成功的是「人」，是那些有著聰明頭腦和強大能力的人才，他們組合在一起成就了索尼公司，讓公司登上了世界級的舞台。

前兩年，在一次參觀 Google 公司的活動中，我曾和很多 Google 的雇員交流。令人驚訝的是，他們當中的大部分人認為 Google 之所以讓自己迷戀和忠誠，是因為身邊有一大批聰明絕頂的同事，這是最讓他們滿足的福利待遇。優秀的同事讓他們的大腦得到了前所未有的開發，創意和眼界不受約束、盡可能地開闊，而正是這些擁有無限想像力的人讓他們變得更加優秀。

除此之外呢？當然還有為人才準備的頂級工作環境。這也正是 Google 公司所重視的。他們窮盡想像力，將搜羅、收納和留住頂尖的人才作為公司發展最重要的事務。所以，其招聘人才的流程和要求也比其他任何公司更為認真和嚴苛。你想進 Google 公司工作嗎？那你必須通過一系列的標準評估。當你成功地進入 Google，成為這家偉大公司的一員後，你會發現自己是公司最重要的財富。在這裡，你將得到超乎想像的尊重。

■ 人才招聘的九項原則

Google 前 CEO 艾瑞克‧施密特在《Google 模式》一書中談到了 Google 的人才招聘，他明確地指出了哪些是 Google 需要的人才，哪些是堅決不能要的。通過對 Facebook 和 Google 的人才政策

對比，科斯塔和我做了一些必要的工作，我們對世界 500 強企業進行了相關的研究，特別是它們的人才招聘政策。最後我們發現，越是自信的公司，對人才的要求越高。反過來說，他們希望得到能力出眾而且富有雄心的卓越人才，而不是唯唯諾諾的平庸雇員，並願意給這些人才優越的待遇。

從這些企業的招聘傳統中，我們總結出了九項原則。每一條原則都是頂級思維在人才管理中的完美體現，即便你沒必要全盤照搬，也應在自己的招聘和用人中靈活地借鑒，改進自己在人才管理方面的不足。

原則一，招聘比管理者更出色的人。

越是比你聰明和比你有學識的人，就越要盡快地招進公司，放到自己身邊，給他們最好的待遇。他們的能力可以幫你拓展事業，並促進你自己的進步。永遠都不要招聘那些碌碌無為和平庸的傢伙，至少不能委以重任，因為你無法從他們身上學到東西，他們對你也構不成挑戰，自然就不能互相促進。

原則二，招聘能帶來附加價值的人。

真正的優秀人才除了工作能力的強悍外，更能為企業的產品和文化帶來難以估量的附加價值。他們會為企業催生正面的副產品，比如鼓勵同事的士氣，增加團隊的創新能力等。發現這樣的人才是一種難能可貴的能力，大企業的 CEO 們都具有一雙伯樂的慧眼。你要透過現象看本質，不能只盯著一個人的工作能力進行研判，還要對他的內在素質（意志力及想像力等）做出準確的判斷。

原則三,招聘能解決問題的人。

要招聘那些能實實在在做事的人,讓他們來幫你解決問題,而不是每天製造問題。後者到處可見,他們在工作中不停地抱怨,習慣把難題拋給同事和上司,自己卻坐在一邊,挑三揀四。這樣的員工是「問題人」,對中小企業更是致命的殺手。

原則四,招聘有激情的人。

熱情和激情是「人才」必不可少的素質。一個有熱情、有激情和有動力的人,能夠主動及創造性地工作,積極地提升自己,為公司做出貢獻。如果團隊有很多這樣的人,管理的難度也會降低。反之,沒有激情的員工是來「混碗飯吃」的,他們只是需要一份定期發放薪水的工作而已,沒有忠誠度,沒有創新精神,亦沒有團隊歸屬感,對企業的價值在哪裡呢?

原則五,招聘願意合作的人。

審查與評估人才的團隊協作精神,把能夠與同事合作共事的人招納進來,再給予必要的技能培訓。在我看來,這樣的員工就達到了 60 分。合作思維是一個組織強大的基礎,特立獨行的員工不是一個都不能要,而是要縮小這類雇員存在的空間。優秀企業的管理大師們都擅長拿捏集體主義與個人主義之間的分寸,既保證整個團隊擁有強悍的協作力,又能適當允許個別「天才員工」獨自完成某些創意性的工作。

原則六,招聘成長性更強的人。

你要招聘那些願意與團隊和公司一起成長的人,考察他們的

成長性——對事業的熱愛，對學習的執著，對工作技能提高的動力。具備成長性的員工很快就能成為公司的中流砥柱，也是企業骨幹的後備人才。

原則七，招聘有獨特天分的人。

不要放過一些特殊人才——他們在某方面有獨特的興趣和天分，可以獨當一面。比如技術部門的工程師、市場策劃高手和創意天才等。不能把眼睛盯在只會按部就班工作的人身上，要極力尋找那些不同領域內的頂尖人才。

原則八，招聘道德水準高的人。

對人才的道德水準做必要的審查，防止「私德」有問題的人混入公司。不要招聘那些自私自利且喜歡操縱別人的員工。這能避免你的事業被員工的內訌摧垮。你要確立一個不可動搖的用人思維：道德水準比能力更重要。一個有道德的人即便做不好工作，也不會做壞；一個能力很強但道德素養差的人，既有能力把工作做得很好，也有能力成為公司的禍害。

原則九，招聘能夠嚴格要求自己的人。

「自律精神」是我們始終重視的用人標準。一個自律性強的人，他能為公司節省更多的成本並增加利潤；而一個自律性差的人，他對管理成本的耗費是難以估量的。工作的隨意性和未來的不可預測性都會令你頭疼。嚴格要求自己，意味著他能主動遵守企業的各項制度，並為同事樹立一個積極的榜樣。不要對人才降低這方面的要求，除非公司只是你的「玩物」。

人不對，一切都白費 CHAPTER 5

■ 為員工創造快樂＝為企業創造利潤

早在三年前，我和美國管理協會的工作人員便共同進行了一項研究。我們發現，懂得為員工創造快樂的公司更能承受市場波動的打擊，尊重員工並且培育他們的積極情緒的管理者不但得到了下屬的尊敬，還讓企業贏得了更廣闊的發展空間。

創造快樂，要求你必須把員工的感受放到利潤的前面。紐約一家公司的總裁查姆萊恩自豪地說：「對我而言公司賺錢不是最關鍵的，儘管這是我的目標。我希望每名職員都可以快樂地來上班，然後快樂地回家。我深切知道，只有這樣公司才能在年底核算時獲得更漂亮的數字；我不希望員工對工作有任何牴觸，因為這對公司、對客戶都是一種打擊。」

查姆萊恩去年被紐約工商協會評為該地區「最有潛力的年輕企業家」，他還是卡內基基金會重點樹立的「企業家形象代表」，因為他的用人方法正是基金會一直以來十分推崇的。他總能尋找到可以改善公司氛圍的方法，為雇員創造開心的氛圍。比如在橄欖球超級杯開賽前，他建議每一名員工都可以穿上自己喜愛的球隊的隊服來上班，以示對球隊的支持。他甚至也會宣布自己支持的球隊，並帶頭穿上隊服走進會議室。有時他還會在公司內部舉辦選秀比賽——模仿脫口秀主持人的比賽，贏者將得到一次去國外旅遊的機會。

前幾年，在美國經濟有所下滑時，紐約的很多公司採取了裁員和削減福利的做法。查姆萊恩對此感到不解，他說：「作為一

個企業的管理者,我不可能不關注利潤。公司的機會在減少,客戶在流失,收入在下降。很明顯,在衰弱的市場中,公司的東西賣不出去,經營就一定會出問題,裁員也是必然的。但為何苛待留下來的人呢?削減員工的薪水和退休金不但不能拯救公司,反而會損害公司的長期發展,因為這讓他們不快樂。他們會報復!」

讓工作變得有趣是極為重要的。越是艱難時刻,企業家就越不能吝嗇,讓員工的心情好起來,他們一定會用努力工作來回報你。有了積極和快樂的員工,公司才能創造出優質的產品和服務,從而改變低迷的市場,贏得更多的客戶。

為了利潤→你會削減員工福利嗎?

這是一個有趣而隱諱的問題。不少企業家避而不談,他們更願意和我交流「如何賺錢」,也不想回答自己在困難時期會「如何對員工的福利下手」。美國管理協會對所有的企業提出了自己的建議:「不要讓市場問題損及企業文化。」具體地說,我們的用人思維不能因為市場危機就發生改變。

尊重人才的企業不會在危機時削減員工的福利。像 Google、微軟、蘋果等在自己的行業中領先全球的公司,他們十分確定員工對於品牌維護的價值。員工福利改善雖然在短期內會減少一定的利潤,並且增加更多的成本,但能提高員工的鬥志,在利潤上的長期回報更高。蘋果公司行政部門的一名高管評價說:「福利代表的是公司對員工的感情,這能改善公司的文化,對危機的抵

人不對，一切都白費　CHAPTER 5

禦能力也會加強。」所以，即便公司的收入在減少，企業也不應該拿員工的福利開刀，因為它關乎企業和員工的感情。

員工不快樂→客戶不高興。

查姆萊恩十分明白，當員工普遍人心惶惶時，公司很難為客戶提供優質的服務。員工不快樂，就等於客戶不高興。他說：「世界經濟進入了一個新時代，客戶也有壓力，變得不能容忍企業的任何服務問題。你可能企圖用『對投訴的敷衍』這種老舊而無恥的手法對付他們，但他們有權棄用你的產品並把你的醜行公之於眾。」所以，當其他公司都在努力削減開支時，查姆萊恩卻主動給70%的員工加薪，增加公司雇員的快樂值。這一做法的回饋是樂觀的，雖然利潤暫時降低了，但他的公司卻在一年後獲得了10%左右的客戶增長。顯然，企業在員工福利上的支出以另一種方式獲得了回報。

管理者的責任→與員工開放式對話。

企業的管理者承擔著怎樣的責任？除了加薪外，還有沒有一種輕鬆便捷的做法？我的建議是──和員工保持開放式的對話。向下屬坦白心意有時比承認公司有多麼困難還要難以啟齒，但你應無畏而行，不能有絲毫猶豫。開放式對話可以讓高高在上的CEO和最底層的員工建立情感聯繫，讓他們明白自己是多麼的重要。

特別是在企業發生危機時，你完全可以站出來說：「嘿，夥計們，聽著！我無法做出任何承諾，但我會盡一切的努力保護你

們。現在我們討論一下,有什麼辦法能讓我們渡過難關嗎?」有很多企業家採用了我的建議,他們後來告訴我,在這樣的對話後,員工的情緒更加穩定了,因為他們感到安全,並由此更加努力。員工對企業的信任度得到了提高,並且在工作的成果上完全體現了出來。

把權力交給有能力的人

想成為一個優秀的企業管理者,應該做的事情肯定有很多。但是最需要做好的事情就是授權,要看到權力的本質不是「一人獨有」而是「眾人合力」,然後用授權分配權力,用分配出去的權力把複雜的工作做好。我見過很多老總都喜歡身兼多職,一個人忙來忙去,比如早晨6點就跑到公司,加班到晚上12點才拖著疲憊的身軀回家。他需要做的事情太多,決策要負責,銷售要承擔,管理和財務也要抓,結果就深陷到成堆的工作中,迷失在繁雜的事務裡——他做得越多,工作的效率就越低。一個人承擔所有責任的下場就是這樣。

人不對,一切都白費 CHAPTER 5

■ 精英都是授權高手

從公司在洛杉磯成立的第一天起,我對下屬的管理方式就是分配權力,而不是用義務約束。因為我知道,不把手中的權力分出去,我把自己累死也做不出像樣的事業。完成第一輪融資後,我就與合夥人做了分工:他負責市場開拓與客戶關係,我負責做產品和服務。在我們兩個人下面,又設置了7個部門,每個部門的主管都擁有絕對的權力,把我和合夥人的工作分擔下去。他們不需要事事彙報,對部門事務有完全的決定權,甚至也可以自己決定重大事項,只要年終業績過關,公司就會獎勵他們。

通過有效的授權與激勵,我們逐漸聚集了一大批出色的人才。這是最好的用人方式,用一種簡約的低成本的方法讓人才自動自發和創造性地工作。現在全世界都在研究如何激勵下屬,我現在可以告訴你,放權永遠都是最好的激勵方法。因為追求權力是人性的本能,是我們基因的一部分。再小的公司,下屬也渴望擁有獨立自主的工作許可權,希望獲得權力和地位,這就是人性。

美的集團的創始人何享健據說是中國家電行業裡最「閒」的企業家,你想找到他不容易,因為何享健沒有手機。很多人一定感到奇怪,沒有手機他怎麼和下屬溝通公司的事務呢?何享健自然有他的辦法。

前幾年,我曾經到美的集團做過為期一周的中層管理培訓。一位管理人員對我說:「在美的,很多事情都是我們自己在做決

定,根本不需要一一向何總請示。如果有必要,他會主動找到你,而且只需要幾分鐘。」

何享健在採訪中也說過,他每天準時下班,之後就再也不去公司,他也從不會抽出晚上的時間來做白天的工作。而白天的工作時間,他也不會總待在公司裡指揮員工幹活,而是在綠茵場上「逍遙」。因為他是一個酷愛高爾夫的老總,每個星期總有那麼幾天在打球。相比之下,格蘭仕集團的兩位老闆就顯得太過辛苦了,他們的工作時間占據了一天的大部分,經常在十個小時以上。

當然了,何享健的本領並不是每個 CEO 都能掌握的,大多身在其位的中高職人員都需要牢守自己的職責。何享健之所以能夠「來去自如」,這得益於他高超的用人藝術──他對優秀人才極為信任,同時又有非常強的駕馭能力。一位曾經供職美的的內部人士把他用人的方法比喻成放風箏──既能「讓他們飛得又高又遠,又能迅速地把他們收回」。

威爾許有一句經典名言:「管得少就是管得好。」企業家中的精英人物基本都是管得少的群體,他們善於授權,並能讓下屬在獲得權力後死心塌地為公司服務。

「授權」就是讓你自己無限複製。你既然坐到了用人的位置上,說明你自己的工作能力是很強的。但你自己只有一個,事事都需要你去做的話,分身無術,結果肯定是悲劇性的。所以每當聽到企業家抱怨自己很累時,我的第一反應便是「這傢伙根本不

人不對，一切都白費 CHAPTER 5

懂用人」，他的用人思維一定是陳舊落後的，是註定失敗的。因為他完全可以通過授權複製無數個自己，讓那些有能力的人為他工作。用授權來放大自己的時間，讓工作效率成倍增長。為什麼兩個同時創業的人，10年後一個人開了連鎖集團，另一個人卻仍然守著自己的小店？原因之一就是後者不懂得複製自己。

「授權」比「命令」更有效，但需要定義好範圍。授權對用人的重要性我們看到了，但該如何授權呢？其中最重要的一個原則，就是統一權力和責任，定義好授權的範圍，明確下屬的職責。既給了權力，也要規定義務。這樣的授權，就比「命令」的效果更好。員工會對工作產生強烈的自主意識，且非常明白自己需要做什麼。這叫「有目的授權」，讓被授權的人擁有許可權的同時，又可以獨立負責和彼此幫助，創造性地做好自己的工作，既能對同事提供力所能及的幫助，也能保證公司的管理及工作的秩序。

■ 授權的同時嚴格考核

作為企業的管理者，你在享受充分授權後的輕鬆之時，也一定承受著業績的嚴峻考驗。你會擔心：「下屬能不能把工作做好？他們偷懶怎麼辦，做錯了怎麼辦？」這說明授權出去並不代表放任不管。授予的權力越大，員工要承擔的責任也越大。

美的集團的管理層把權力下放後，同樣制定了極為嚴苛的業績考核指標。上到管理層，下到基層的業務員和各級屬員，都需

要在獲得相應的權力後用成績來證明自己。對每個人而言，機會和時間都不是無限的。對於管理層，證明自己的時間只有三個季度，如果你前兩個季度的指標沒有完成，尚還有一次彌補的機會，但如果到了第三季度仍然沒有起色，你就得捲鋪蓋走人；對業務員，你可以用一到兩個季度的成績說話，不然也要重新找工作了。業績是考核的唯一標準，是無人能夠質疑的硬指標。

這種「不行就換人」的文化已經滲透到了「美的人」的骨子裡面。業績做不夠，毫無怨言地下課；業績完成了或者超額，從管理層到基層的每一名銷售人員，人人都能獲得非常可觀的獎金，甚至很多美的員工在談到自己的獎金時會表示有點多得「出乎意料」——這是業績的回報。

一個合格的領導者，應該是企業中最「閒散」的人，比如何享健。只需要傳達自己的思想和想要達到什麼樣的目標，其餘的交給下屬去做。在美的集團，每個部門的經理人和下面的職員都比上面的大老闆更操心。他們時刻充滿危機感，對未來 3 年到 5 年要達到的目標必須清晰可見。你可以看看自己的公司，審視一下你當前的管理狀態和用人方法。你是怎麼思考用人的，是如何思考授權的？從這兩個問題上，人們總能找到自己與世界級公司 CEO 的差距。

■ 創造環境，掌控體系

美的集團的創始人何享健說：「人才當然是無比重要的，做

好一家企業靠的就是人才。所以我認為美的員工都是最優秀的，部門有好經理，基層有好員工。我什麼都不想做，不想管，也不用管。同時我也會告訴自己的部下，不要整天想著自己如何把所有的事情做好，而是要考慮怎樣才能把事情分配給別人去做，多想想找誰去做，同時為下屬創造一個環境，然後你要做的是掌控住這個體系，一切都會水到渠成了。」

何享健講到了高端用人的兩個重要元素：

第一個是環境——你創造了什麼樣的環境，就能吸引什麼樣的人才。「工匠環境」吸引工匠；「創意環境」吸引創造型人才；「懶人環境」則只能吸引懶人。

第二個是體系——你設計的人才管理體系決定了公司是否可以留住優秀人才，激勵優秀人才不斷奮進。高層管理者平時主要的工作就是掌控和維護這個體系，設計對人才的管理、激勵制度。

多年來，我在為中國公司提供培訓和諮詢服務的過程中，經常見到一些企業主管人員的用人方式是典型的「命令」型授權——對下屬發布命令，派他們去做不同的工作，做完回來彙報，由自己審查。「命令」型授權的特點是管理者一個人大權在握，只分配工作而不分配實質權力。他對下屬的工作既不信任，也不放心，因此對過程管理十分重視，幾乎每個環節都要監督。員工的背後有一雙無處不在的眼睛盯著，這是巨大的心理壓力，同時他們對上司也產生了強烈的依賴性——既然你事事不放心，

那我乾脆事事都讓你拿主意好了！

這樣一來，下屬在工作中只有一個選擇：對領導者唯命是從，自己不做任何決定，因為沒有任何權力；自己也不負任何責任，因為沒有任何義務。顯然這並非真正的授權，而是管理者對「用人環境」和「用人體系」的破壞。當你像調教小孩那樣監督員工時，這個團隊就失去了成長性，你在他們心目中的形象也會一落千丈。

人人參與，人人得利

「獨贏思維」和「共贏思維」的區別是什麼？很重要的一點是：前者只允許自己一個人獲利，其他人都必須是自己的手下敗將；後者追求的是每名參與遊戲的人都可以滿載而歸，得到自己「應該得到的回報」。讓員工的回報與付出相匹配，是聰明的管理者時時刻刻在思考的問題。

Pass Took 綜合設計中心是加州地區一家有名的「土著公司」，總裁豪森是一個性格怪異而且十分冷漠的人。成立 15 年來，這

人不對，一切都白費 CHAPTER 5

家公司雖然還活著，但沒有絲毫的發展。如果用精確的數字去描繪它的進步，那就是 2013 年的資產比 15 年前增加了 30%。即使不扣除物價因素，這也是一個可憐到慘不忍睹的「進步」。

豪森的公司沒有倒閉，已是奇蹟。他每年最主要的工作就是「愁眉苦臉地思考明年的薪水和獎金應該怎麼籌集」和「納悶地反問自己為何員工提不起鬥志」。2013 年的聖誕節過後，豪森給我打電話，決定讓我對 Pass Took 公司做一次全面的檢查，看看問題到底出在哪裡。他在電話中說：「我信奉競爭文化，但好像加州人突然遺失了競爭基因，在我的公司完全不起作用。」

我很快到 Pass Took 探訪，並以一名「普通雇員」的身分在一個部門待了兩個禮拜，很快就發現他的公司內部完全沒有協作文化，競爭性極強。人和人之間是充分競爭的關係，彼此防範，互相較勁，但自利大於一切。每個人都是一匹狼，都想贏，可公司的利益在哪裡呢？豪森沒有向下屬灌輸「合作共贏」的思維。他的確找到了許多優秀的人才，也許諾以高薪和優越的福利，可這些人來了之後基本都是各自為戰，對同事沒有謙卑之心，對上司沒有應有之義，對公司也沒有起碼的歸屬感。

這就像去山上打獵──我打到獵物就走，獵物越多越好，哪管別人有沒有東西可打呢？

每個人都希望自己贏得內部的競爭，掠走同事的機會，搶占同事的資源，只要自己能贏就行了。像這樣的公司文化是非常可怕的，豪森的用人思維走向了一個過於激勵人的競爭性的極端，

他忽視了團隊合作與共贏的力量,沒有制定相應的制度,也沒有教會員工必要的協作技巧。

■ 共贏就是主動與人合作

為了提高企業整體的業績,把人才的價值最大化,就不能忽視協作的作用。協作是共贏的基礎,能幫助每一名企業成員實現他的成就。所以你在用人時必須鼓勵下屬主動與同事合作,讓團隊的總業績超過個體的業績之和。每個人都是贏家,團隊是更大的贏家。確立這樣的用人思維,你就掌控了企業,收到了用人的效果。

第一,**讓員工去做符合自身興趣的工作**。人才之間能不能積極協作,取決於他們對工作的興趣。設置相應的職位,把合適的人放上去,再給予不同的待遇和激勵,就形成了合作的基礎。

第二,**用好每個人的特長**。把擁有不同優勢的員工組合在一起,讓他們有充分地發揮特長的空間,構建一個人人感到舒適而努力的氛圍,不約束他們的創造力,同時又能讓他們像自動化的機器一樣互相配合,產生合作的效果。

華爾街的一家電子商務集團為了增強全國各分公司之間的交流,組織了一次獎勵非常豐厚的攀岩比賽,輪到加利福尼亞州代表隊和俄亥俄州代表隊比賽的時候,大家發現加州代表隊並不像其他隊伍那樣單純地強調團隊力量和鼓舞士氣,而是所有的參賽隊員圍在一起小聲地商議什麼。比賽開始後,俄亥俄州代表隊屢

人不對，一切都白費　CHAPTER 5

屢遇險，很快士氣頹靡，最後雖然完成了任務，但因用時過長還是輸給了加州代表隊。在所有地區之間的較量結束後，加州代表隊成功地拔得了頭籌。

頒獎的時候，集團派來的主持人詢問加州代表隊的隊長漢克：「你們賽前圍在一起到底在密謀什麼？」漢克得意地說：「我們只是做了一個小計畫而已。你看我們隊的隊員，每個人都有自己的優勢和劣勢，我們把這些優勢劣勢重新排列，得到的就是一個完美的組合。格蕾是我們中個子最小的，但她的動作也最快最機靈，所以她要放開速度排在第一位；麥可個子高，速度快，也是我們隊的速度先鋒，同時還要照顧後面的隊員，所以排在第二位；接下來是女士和那些體型高大的隊員，他們需要排在中間，大家互相幫助，協同合作，速度既不過快也不能落下；我是隊中最有經驗的獨立攀岩隊員，所以我負責在最後照看整個隊伍。因此，我們輕鬆地贏了。」

漢克和手下隊員的這個協作計畫，就是「共贏思維」在行動中的表現。共贏不是嘴上說說，它要在行動中體現。作為一個高明的管理者和團隊的帶頭人，一定要擅長把員工組合到一起，讓他們的才能互補，共同完成目標和任務。當每個人都能夠充分地發揮自己的特長並且密切配合時，積極的「協同效應」就產生了。

頂│級│思│維

■ 用股權激勵思維去用人

在歐美很多公司中,全員持股的現象是非常普遍的。華爾街有90%以上的公司都向員工開放股權,特別是骨幹雇員,均會被納入股權激勵的計畫中;在洛杉磯和舊金山,凡是初創企業都有股權激勵的制度,各部門的主管及特殊人才均持有公司的股份。我和科斯塔收集了大約100家美國公司的案例,經過調查,我們發現沒有員工持股制度的公司不到6%,這是一個很小的比例,充分說明「股權激勵」是多麼的重要。

然而,中國企業在這方面還是一片空白——儘管這些年來有相當多的中國公司已經後發制人,成功地將股權激勵納入到了用人和管人的領域。但整體而言,中國公司的老闆們仍然不願意讓員工成為企業真正的主人。

沒有建立長期股權激勵機制,是很多中國公司短命的主要原因。根據2014年的一個統計,中國企業的平均壽命不到3年。這是一個什麼概念?意味著公司剛走上正軌,就要關門了。缺乏長期激勵機制,留不住優秀人才,等創業初期的新鮮勁一過,公司骨幹因為看不到自己的事業前景,就會紛紛離開,投奔那些條件優越的大企業。

為什麼你的員工的工作激情只能勉強地維繫1年到3年?為什麼你總是找不到願意長期奉獻的人才?當你百思不得其解或終日抱怨時,應該反思一下自己的激勵方法——你有沒有讓員工從公司的成長中獲得利益?

人不對，一切都白費　CHAPTER 5

短期的激勵不是難事，我們提高工資、加大業績提成就可以激勵團隊把一個項目做好。比如你可以拿出40%的分成鼓勵公司把一個短期的計畫做好，但長期激勵是不能依靠這種突擊獎勵的戰術來保障的。這種項目分成式的激勵效果會隨著時間的推移而逐漸衰減，就像用杜冷丁止痛，它慢慢就會失去效果，並讓人染上嚴重的「毒癮」。你會永遠分給員工40%的收入嗎？與其說你在激勵員工，不如說是為了利益暫時把人聚集到一起。缺乏長期機制和股權綁定的情況下，企業的短命在所難免。

實施股權激勵，首先要將其設定為稀缺品。像白菜一樣常見的東西沒人喜歡，也無人在乎。這決定了你要把股權視為公司的珍寶，不能隨隨便便就獎勵給員工。你要將股權激勵作為一種稀缺品來使用，可以針對性地獎勵給20%的核心員工，並設定末位淘汰制度——當擁有股權的人不再做出貢獻時，他就必須把股權還給公司。20%的核心員工為公司創造了80%的財富，他們有理由受到優待。你要懂得用股權激勵讓那些表現優異的人感覺自己是與眾不同的，在公司中充滿自豪感。正因為不容易得到，這種獎勵才能體現它的寶貴價值。

其次，要謹慎審查員工的入選資格。不是誰都有資格參加評選，關鍵在於審查和評定的標準，讓最優秀的員工進入候選，再進一步淘汰，最終留下來的人獲得一定數額的股權，成為公司的主人之一。也就是說，你要從價值的評估、重要性、貢獻大小、敬業和忠誠度、發展潛力等多個指標綜合審查，讓入圍者與公司一起「共贏」。

頂級思維

■ 制定利益分配計畫

　　Google CEO 賴・佩吉說：「對卓越的成長型公司來說，沒有比讓員工參與利潤分配更美妙的事情。我見證了一個偉大的時代，他們（偉大的商業人物）不惜把最大的蛋糕分給員工，然後激勵他們做出更大的蛋糕來。是的，他們就是奇異、思科、微軟、英特爾和蘋果這些一直領跑在前的公司。相反，諾基亞因為它保守的激勵策略已部分喪失了創造力，它成了時代的棄兒。不過，重要的是你如何實施這一分享計畫，怎樣才能恰如其分地從這根細細的鋼絲上面走過去呢？這是最考驗我們的部分。」

　　在制定利益分配計畫時，你應該考慮並解決好三個方面的問題：

　　第一，分多少？

　　這是無數的老總問過我的問題：「我該拿出多少利益分給員工？」沒有人願意從口袋中拿出最大的那塊蛋糕，但你終歸要捨得「放血」，而不是象徵性地施捨給員工 3%～5%的利潤──它還不如沒有。

　　你可以固定比例分配──為全體雇員安排一個均可接受的固定分配比例，比如 10%。企業有了盈利就按這個比例在約定的時間分配給他們。

　　你可以階段性分配──按照專案的大小、挑戰性和盈利的多少來制定不同的分配比例。比如 2016 年公司拿下一個史無前例的大訂單，如果順利完成，你可以把這一階段的分配比例提高

到 30%甚至 40%，以刺激員工的動力。現在美國的許多公司都在這麼做，且收效顯著。

你可以指標性分配——即按業績指標的實現情況來分配利潤，設定一個最低標準，只有員工達到這個業績標準後才能按一定比例分享公司的利潤。這也是普遍採用的方法，但它在執行中並不受員工的歡迎，因為業績指標的制定權掌握在企業的手中。員工認為管理者總會提高指標的難度。

第二，分給誰？

把利潤分給誰是一個讓人頭疼的難題，尤其當每個人的表現都很出色時。僧多粥少，難以取捨，該怎樣對他們進行分配？河北有一家公司，2013 年成立以來經營業績非常好，擴張也很快，就因為公司的董事長制定了錯誤的利潤分配方案，沒有顧及中下層職員的利益，不到半年的時間就從盈利變成了虧損——因為出現了大面積的離職潮。可見對企業家來說，骨幹要獎勵，普通職員更要安撫，兩者同等重要。

在選擇分配對象時，你可以遵循兩個原則：

基於職務價值來分配——根據某個職務對企業的價值大小，來確定該職務負責人的利潤分配方案。比如各部門的主管人員都應該從利潤中分紅，而一些普通的文員職位則不應該分配利潤。

基於個人貢獻來分配——定期對員工的貢獻進行審核評定，按照他們為公司創造的業績大小來確定應該獲得多少分紅。

這一原則是給所有人一個公平的機會，評定時要綜合考慮他對公司已做出的貢獻和未來的潛在貢獻，用資料說話，避免管理者個人的主觀臆斷。

第三，怎麼分？

也就是分配的方式是什麼？是一次性的現金分配還是長期的分紅獎勵？一般而言，兩種方式可以同時採用。

一次性現金分配——以季度或年度的周期把分紅一次性發給員工。這種方式的短期激勵性很強，但缺乏長期的激勵效果。有企業管理者向我反映，不少員工拿到現金分紅後有離職傾向，因為這種分配方式類似計件結算，沒有綁定員工的未來。

長期分紅——也就是「利潤延期分配」。你可以把員工應該分配的利潤折算成股權統一管理，每年或每季度返還一部分，餘下的算作公司向員工的借款或他們對股權的投資。等到一定年限或員工離職時再全部返還。越是大公司就越傾向於這種分配方式，因為它能長久地綁定優秀人才，保持團隊骨幹的穩定性和持久的貢獻熱情。

總的來說，你的「利益分配計畫」可以有多種選擇方案，但都脫離不開科學的規劃與嚴謹的計算。在制定該計畫時，不能暗箱操作，也不能隨性而為，必須遵守公司上下都認可的嚴格的規劃和流程。

第一步，合理及公正的考核。對企業經營目標和各部門業績的考核要有客觀的認定，讓每個人心服口服。

第二步,制定按照貢獻大小分配的計畫。貢獻大者多分,貢獻小者少分,沒貢獻者不分。不搞特殊,不徇私情,除此之外沒有其他標準。

第三步,實事求是進行分配。你要把企業的實際業績告知員工,不要隱瞞公司的總利潤,拿出真實的數字,方有說服力。

關鍵位置必須是我的人

對於用人管理,我始終認為有兩項「權力」是至關重要的,也是不能隨意分配和授權的。第一是人事權:招聘和用人的權力;第二是財務權:調度企業資金的權力。企業家應該牢牢抓在自己手中,但又不能親自上陣,而是通過「正確授權」來把握。安排合適的人選代替自己行使這兩項權力,從而建立一個統一指揮和訓練有素的高效團隊。

在這兩項權力中,「人事權」是我們用人的核心,也是管理者實現團隊掌控的主要工具。充分運用好人事權,在公司的關鍵職位培養服從度高和能力強的下屬,是你能否實現管理目標和用

人計畫的重要一步。思科執行董事長錢伯斯也贊同這個做法，他說：「好公司不但要培養能幹的團隊，還要積極培養執行力強的忠誠團隊。」

有許多野心勃勃的創業者不明白這兩項權力意味著什麼，經常懷著一顆「好心」製造出「大問題」，結果卻令自己感到傷心。我有一位姓齊的朋友，他在普林斯頓商學院「學」了一肚子「大道理」，畢業後就自信滿滿地回國創業，立志做出一番大事業。他有工商管理學博士的頭銜，有三天三夜也講不完的生意經和「用人哲學」。對公司的未來，他很有信心。當我警告他必須建立牢固的管理結構和人才體系時，齊先生給我的回答是：「只有蠢人才擔心權柄旁落。」

這是一句精妙的辯詞，聽起來令人熱血沸騰，因為說得太有道理了，是擲地有聲的足以寫入管理教科書的大道理。但實際效果如何呢？只有齊先生自己知道。他於2015年3月在北京成立了自己的廣告公司，並且迅速組建了一個強有力的團隊，聘請了兩位業內的知名人士分別擔任策劃總監和市場部主管。為了保證公司的業務拓展有更高的效率，他把人事權和財務權也同時分配給二人，讓他們有充足的自主空間。

這個用人的策略是對的，但有一個看起來很小實則嚴重的問題：兩位權柄在握的部門主管在企業的經營理念上與齊先生存在不小的分歧，與齊先生的關係也不是太融洽。齊先生缺乏對廣告行業的深入了解，對中國市場也沒有清醒的認知。所以完全放權

人不對，一切都白費 CHAPTER 5

後，不到半年時間，他就發現自己被實質性地架空了，公司走向了一個脫離他掌控的方向。齊先生又缺乏賈伯斯那樣強悍的經營理念和由此產生的個人魅力，因此到最後他成為公司的「隱形人」——也就是我們常說的「傀儡董事長」。

再給我打電話時，他的語調明顯低沉失意：「我有51%的股權，對公司絕對控股，但我說了不算數。除非我同時解雇他們並收回股權，但那樣做會毀了公司。」這就是自己沒有足夠的經營能力同時又無法在用人上掌控「關鍵位置」的惡劣結果。

你的核心競爭力不是財富和能力，而是關鍵的位置上有你自己的人。憑藉對關鍵位置的用人權，安排有能力並且忠誠的人替你做事，你就掌握了管理的主動權。

■ 把可信任的人放到關鍵位置

在落實「用人管理」時，我總是對企業家強調「可信任」這個詞，而不是「完全放權」。放權是必要的，但前提是這個人你能夠信任。這就是應變地考慮，同時也是「權變」地對待權力的分配。「可信任」的標準有三條：第一，他和你的經營、管理理念是高度契合的，不會出現根本性的分歧。這個標準決定了你們之間的合作是否默契。第二，他對你和公司的忠誠應該是同等的。關鍵位置上的人既要忠誠於公司，又要忠誠於企業的最高管理者，兩種忠誠不可分割。第三，他的道德水準和個人品格應該無可置疑，是擁有高尚的個人品質的人，不會利用你授予的權力

在公司內結黨營私，謀取私利，甚至謀求將公司的部分權益永久地據為己有。

■ 關鍵職位的人必須有能力

有能力的重要性有時遠遠大於可信任。沒有能力的人即使有最高的忠誠度，他在關鍵位置上的作用也會非常小，甚至會起到惡劣的負面作用，因為他無法贏得下屬的擁戴，不能為公司帶來實質的利益。

高盛公司的證券經理柯・蒂恩對此很有感觸。他說：「在很多投資專案的操作中，我都有因為信任錯了人而導致的不利局面。比如有些傢伙完全沒有市場眼光，平時就靠拍馬屁博取我的歡心，我讓他擔任專案主管，結果卻搞得一塌糊塗，下面的人紛紛投訴，還有人辭職。後來我換了有經驗的主管過去，才扭轉了形勢。」

這說明，我們對人才的綜合考核非常重要。不能像齊先生那樣僅憑下屬的工作能力和豐富的經驗就輕率地委以重任，也不能像蒂恩一樣覺得這個人非常忠誠就委派到關鍵的職位，兩種做法都會帶來不良的後果。你只有全面審查人才的各項素質，再安放到重要的職位上，才能收到預期的積極效果。

人不對，一切都白費　CHAPTER 5

在我這兒
可以贏得全部

　　克蘭茨是一個義大利人，今年 28 歲。他是一個非常慷慨的人，對管理有著獨特的認知。當他和我談到他自己的用人思維時，我的第一感覺就是他是不可多得的高端管理人才。他起初在熱內亞的一家 APP 公司做兼職，快樂地工作之餘，經常和女友討論將來到哪裡生活。他喜歡米蘭和羅馬，但後來還是決定留在熱內亞，自己成立一家電商公司，以互聯網為平台做進出口生意。

　　公司成立兩年後，我發現他取得了不可思議的成功：從一個小小的 7 人小組迅速發展成擁有 200 多名雇員的大型電商公司，業務開展到了全歐洲，在德國、英國及挪威等國家設立了多家分公司。克蘭茨是怎麼用兩年時間做到如此大規模的？

　　他說：「我沒有別的本領，我不會像房地產大王川普那樣對下屬許以高薪及高提成，但我認為高度參與經營管理的員工是企業成功的關鍵，想讓員工在明天還能死心塌地地跟著你可不是一件容易的事情，我需要用未來證明這一點。因此，我允許員工在這裡可以實現他們夢想的一切。」

　　需要證據證明這一點嗎？克蘭茨公司的一名服務部主管梅切爾斯基感激地說：「我來公司時只是一名普通的調度員。我經常

給老闆發郵件，告訴他我對公司服務理念的想法，他很認同，然後把我的計畫拿到高層會議討論。他把我叫過去，說：『嘿，兄弟，你跟他們講一下這個創意怎麼樣？』我沒想到會有這樣的待遇，那是我闡述夢想的一刻，而我確實夢想成真了。」不到 4 個月，梅切爾斯基就成了公司的主管人員之一，他也發揮出了自己的全部能力。

有多少公司沒有提供這樣的「夢想空間」呢？全球 HR 諮詢巨頭 Towers Watson 為我們出示了一份資料：在對上萬家企業的調查中，超過 63% 的員工都認為自己在公司並沒有參與感。他們除了每月固定的薪水，別的不論什麼東西都不可能獲得。有人嘲諷地說：「夢想成真？別逗了，那只是我們老闆用來哄人的。」可見，能不能讓員工在你這裡實現夢想，關係到你的公司是否像克蘭茨的企業那樣具有驚人的成長速度。

■ 讓員工「為工作奮鬥」，而不是「拿錢幹活」

如果企業沒有提供實現夢想和收穫成就感的空間，員工就會缺乏持續的工作動力。他們在一天 8 小時的工作中會有 2 小時到 3 小時處於遊離狀態，另有 3 小時則是勉強應付，只有不到 2 小時的時間是在奮力工作。他們來這裡只是拿錢幹活而已，因此不想付出更多。

在 ASTD 舉辦的 2010 年國際會議上，一名「就業問題」的研究專家告訴我，全世界所有企業的員工都可以分為兩種：一種是

人不對，一切都白費　CHAPTER 5

拿錢幹活的雇傭軍，一種是為工作而奮鬥的企業主人公。拿錢幹活的人他們的想法特別簡單：「我來這裡是做交易的，我付出時間，你給我薪水。」反之，為工作而奮鬥的人對企業有強烈的歸屬感，他們首先希望把工作做好，對公司的成長有很強的參與性：「請問，公司需要我做什麼？」

你能否把自己的員工都變成「為工作奮鬥」的人？這取決於你如何看待他們的價值，以及為員工提供的舞台有多大。

■ 向優秀的 CEO 學習「煽動力」

讓骨幹人才「死心塌地」的方略就裝在你的頭腦中，它只需要你變換一下思維——想想員工從這裡最希望得到的是什麼？他們來到一家公司，到底是為了錢，還是有其他你不知道的目標呢？請鄭重地想一想，站在員工的位置考慮一下，你就會發現自己忽略了許多一直存在的「員工需求」。它們就寫在每個人的臉上，只是沒有引起你的注意。

工作是有趣和富有挑戰性的嗎？

有沒有學習、培訓與深造機會？

工作環境是否公平？

是否勞有所得、付出有相應的回報？

有沒有一個令自己尊敬的上司？

價值能否得到充分的認可？

有沒有表現更多潛能的機會？

福利待遇是否令自己滿意？

是否能從工作中感受到使命感？

看到這些需求後，你就得問一問自己：「如果我不能滿足他們，不能激發出他們的鬥志，員工憑什麼繼續跟著我混呢？」接下來就得設計一下，作為企業的帶頭人，你能不能表現出足夠的「煽動力」，去感染和凝聚他們。

第一步，告訴員工這裡能滿足他們的家庭所需，即便最差的職位，也能讓他們養家糊口，不必擔憂家庭的經濟支出。

第二步，引導和培養員工思考問題的方法，教會他們按照公司的思維去思考。

第三步，激發員工的上進心，幫助他們樹立自己的人生目標。

第四步，用一系列的積極政策培養快樂的工作氛圍，讓員工因工作而快樂，體會到愉悅的成就感。

第五步，幫助員工建立長久和強大的工作信仰，並讓他們明白只有在這裡才能實現自己的人生價值，讓他們和公司一起為共同的目標而奮鬥。

人不對，一切都白費 CHAPTER 5

卓越人物的信任法則

■ 理由法則：告訴他們「為什麼」

信任需要一個理由，不管是管理者對員工，還是員工對自己的上司。你要明白，大多數人並不是天然質疑權威——他們對你產生誤解，不過是因為你沒有告訴他們「為什麼需要做」。所以，當你在命令員工去做什麼事情時，先把原因講清楚，這是取得信任的前提。

■ 問題法則：問和回答更多問題

不要總是用你的眼神和表情去用人和管人，而要用你的詢問和回應——多問員工問題，並經常回答他們的問題。通過不斷地詢問與回應，和員工建立順暢的資訊交流管道，這將助你與員工產生更大的交集，了解他們的心聲，並取得他們的理解。

■ 建議法則：從命令到徵求建議

傳統的指揮思維是關於「命令」的，老闆發出指令，讓員工迅速執行。多數情況下，沒有解釋，也沒有交流，不能及時領會並完成工作的員工會被淘汰。但這實際上導致了老闆和下屬的情

感割裂：即便執行有力，員工和老闆也並不互信。所以，你要在命令和執行之間增加一個環節：向員工徵求建議。和他們討論計畫的執行細節，用協作的方式對決策及執行做全面的商討，然後對他們的建議做出肯定。在這個過程中委派給員工任務，效果就會好很多。

■ 謙遜法則：多向員工顯示你的謙遜

為什麼不能謙遜地對待下屬呢？最可怕的不是我們找不到有用的人才，而是用高傲關閉了和人才建立牢固聯繫的大門。管理者適當謙遜一些，將使你和員工的對話不用太艱難，至少他願意向你靠近。謙遜的態度意味著我們尊重員工，當員工能夠感受到這種尊重時，雙方的信任度就得到了加強，他們對公司的歸屬感也會上升。

■ 教練法則：不要充當「員警」，而要當「教練」

優秀的企業家很少在下屬面前穿上「警服」然後耀武揚威。他們知道成為怎樣的角色才符合自己的最佳利益，比如必須以員工的「教練」的身分出現，堅持向員工傳授工作的經驗和變得強大的方式，讓他們成為一名好員工並給予晉升的機遇。這會為企業創造一個良好的上進的氛圍，而不是壓抑的環境。從員工的角度看，他們也希望上司是自己的師友。

人不對，一切都白費 CHAPTER 5

▪ 指導法則：在員工需要的時候提供指導

「師友」關係體現在你應該傾聽員工的心聲，關注他的個人發展並在必要時提供幫助和指導。一個不懂得指導下屬的企業家是失敗的，這樣的企業也很難成長。沒有員工的成長，能力再強的 CEO 也不可能獨自讓公司運作。而且當員工長期得不到個人的發展時，你的威信也將降低——失去員工的信任。

▪ 明確法則：成為方向明確的帶頭人

你要非常清楚讓員工通過什麼樣的方式才可以快速而且節省成本地實現目標，並給他們明晰的方向性。員工希望自己的老闆成竹在胸，這能讓他們的信心得到提升，從而在工作中「越戰越勇」。如果一個領導者都不知道前面的工作如何開展，那就很難得到員工的信任。所以，在適當的時候你要顯示自己的宏觀視野，給予員工關注和支持，帶領他們走上正軌。

▪ 試錯法則：敢於給員工犯錯誤的機會

不要以經驗來判斷員工的能力，也不要當一個苛刻而冷酷的老闆。你不但要允許自己犯錯誤，還應給予員工試錯的機會——鼓勵下屬大膽嘗試，安排鍛鍊的機會，通過總結教訓來培養員工的能力。特別是對新員工來說，這樣的上司是完美的，也是他們最需要的。你敢於為犯下錯誤的人承擔責任，他們也會加倍努力為你工作。

頂│級│思│維

■ 愛好法則：有豐富的業餘愛好並讓員工知道

一個懂得熱愛生活的人必定深受下屬的愛戴。科斯塔說：「凡是有著良好生活習慣和業餘愛好的企業家，他的情緒是樂觀的，工作狀態也是健康的。在這樣的人手下工作，員工不會成為麻木的機器，相反還會非常擁護他的領導。」重要的不僅是熱愛生活，我們要把豐富的業餘愛好表現到工作中，在工作之餘調節壓力和情緒，把員工從緊張的工作中釋放出來，與他們溝通、交流這些愛好。高情商的企業家經常舉辦一些活動，讓員工和自己一起打球、唱歌等，目的就是和他們交換愛好，加深理解和加強信任。

■ 經驗法則：你要讓員工看到你的成功經驗並獲取信心

有些人喜歡向下屬袒露自己失敗的經歷，在員工面前上演「苦情戲」，讓團隊知道自己有多不容易，但並沒有告訴他們自己是怎樣從失敗中走了出來。比如南京有家公司的老總對下屬說：「雖然我一直在經歷挫折和失敗，可我從來不會向困難低頭，我們早晚會成功的！」這是非常「危險」的行為，員工往往不會同情他，相反會覺得在他的手下很難得到成長。這樣的領導者在處事和性格方面也有重大的問題，他不懂得讓員工看到自己的「信心和經驗」是多麼的重要。人們願意追隨成功的強者，而不是被經常失敗的弱者領導。員工覺得你是一個能力強大、經驗豐富的卓越人物，他們才會真正地信服你，把你當作學習和模仿

人不對，一切都白費　CHAPTER 5

的「最佳榜樣」。

■ 捨得法則：成為「敢於捨得」的團隊主管

運用「捨得」的思維，能為你帶來意想不到的成果。一名優秀的企業主管知道分享與捨得的重要價值，公司不是他自己一個人的領地，而是全體成員的「利益共同體」，是所有人的家園。他勇於捨棄自己的私利，保證員工的利益。就像那些願意把利潤的 60% 分給員工的卓越領導者一樣，敢於「大捨得」，才有「大收穫」。祖克柏談到這一問題時就說：「為了讓公司得以成長，我沒什麼可以保留的，全部都可以放棄。」他的這種態度為 Facebook 公司帶來了強大的凝聚力，全體雇員將之視為公司的精神領袖，對他無比信任。這樣即使 Facebook 遇到了困難，他們也樂意做出犧牲，與管理層一起共渡難關。

■ 收放法則：平衡授權與控制，並收放自如

高明的企業家在對人才的管理上，十分注重「抓大放小」和「程式控制」。授權是必要的，但又不能讓「脫韁的野馬」跑出圍欄。為了使下屬能放開手腳，在授權和控制之間尋找平衡就是一個非常重要的管理學問題。好的做法是，要充分授權，而不要隨意授權，並在適當的時候進行過程的監控。讓權力在「輕鬆的約束」下運行，沒有約束的授權就等於放任，沒有信任的監控則等於「管理的專制」。為了保證人才使用的效果，你必須對公司

的各項權力收放自如。這樣下屬才能在你手下既有自由發揮的空間，又不至於逃離管束。

■ 公平公正法則：不偏不倚地處理事情

在處理內部的糾紛和利益分配等問題時你要採取公平和公正的法則，規則面前人人平等，不能存在特殊人物，也不能在同一種錯誤面前區別對待。兼聽各方的意見和建議是一個有益的做法，不聽信一面之詞也有助於你樹立「可信服的仲裁者」的形象。用人的至高境界便是仲裁，不偏不倚地調和部門利益與員工關係，人們不用擔心在你這裡遭遇不公的對待。在我們的調查中，「公平公正」一直是員工對自己的上司提出的主要訴求之一。站在他們的角度想一想，你也會深刻體會到這一法則對於構建信任關係的不可取代的價值。

■ 胸懷法則：讓員工看到你心胸寬廣的一面

現在，心胸寬廣的管理者似乎是不多見的，為什麼這樣？員工為何總覺得上司睚眥必報、斤斤計較呢？管理者的魅力不僅體現在嚴格地運用公司的制度對員工進行駕馭和管束，還表現在他能不能為下屬提供充分的成長空間——不害怕下屬會超過自己。你自己要有足夠的自信，毫無保留地培養他們，不用害怕成長起來的員工離開公司。你要有打開鳥籠的精神，讓他們像你一樣生出強壯的翅膀。當人才流失掉以後，也不要忌恨，而是祝福與鼓

勵,並隨時歡迎他們的回歸。人才總會被這樣的領導者打動,他們更願意繼續留在團隊中。這是優秀的企業家之所以能夠構建強大團隊的祕密。

■ 真誠法則:表裡如一,展示人格魅力

要讓自己成為一位信守承諾的真誠的領導者,在員工面前言行一致,敢作敢當,坦誠地面對任何問題——當面解決,而不是秋後算帳。每個人都希望遇到這樣的老闆,並把他當作自己學習的榜樣。科斯塔說:「你會看到越是社會上層的成功人士,就越有一種簡單和真誠的品質。就像許多人見到祖克柏後對他的坦誠感到驚奇一樣。他對任何事情都有著獨到而且直接的認識,從不回避談論自己的觀點。他一點也不複雜。」如果你還在思考為何像祖克柏這樣的人能成為世界級的企業領袖,為何那些天才級的程式師和設計師都願意為他工作,這就是一個重要的原因——做到了真誠和簡單,就能取得人們的信任。

CHAPTER 6

以溝通
為基礎

普遍存在的溝通障礙
無障礙溝通的四項原則
用「溝通」構建信任感
樹立不受干擾的責任體制

成功者從不逃避問題,他們主動溝通並深諳此道。溝通可以解決這個星球上的大部分問題:管理下屬、說服客戶、協調資源⋯⋯但你知道如何才能有效溝通嗎?你知道怎樣在溝通中靈活地應對複雜情勢嗎?想贏得人心,就要先改變自己僵化的思維。

頂│級│思│維

「無障礙溝通」是一切的開始

人與人之間的溝通有多麼重要？威爾許在對奇異公司的管理中最推崇的方式就是「加強溝通」——溝通可以解決「制度解決不了的問題」。沒有無障礙溝通的意識，你就成為不了優秀的企業家。

回避溝通的動機通常是因為你要「躲避問題」，就像颱風來時把自己藏進地下室一樣。為何不在平時加固好房屋呢？溝通等於加固你和別人之間的橋樑。有強大的溝通能力和溝通意識，你就可以獲得員工、同事以及客戶的認可，並贏得人心。

現實中，我們發現有 70％ 的失敗都來自溝通障礙所引發的問題——溝通不徹底或者不擅長溝通，將會給你的管理埋下隱患，給你的客戶種下誤解的種子，給你的社會形象帶來負面的影響。卓越的成功人物都是聚攏人心的高手，他們是員工心中的「領袖」，是客戶眼裡的「最佳夥伴」。即使做不到這麼優秀，你最起碼應該為自己和這個世界建立一個通暢溝通的平台。

▋普遍存在的溝通障礙

2015 年 9 月，一場由當地商會組織的 38 家公司參加的溝通課

以溝通為基礎 CHAPTER 6

程在洛杉磯舉行,參與者全是這些公司的高級管理人員,甚至有些公司的 CEO 也來到了現場。他們都是很有智慧的人。這些人共同關心的問題是:有哪些狀況表明我們的溝通策略出現了錯誤?

霍尼斯是當地一家知名公司的總裁,讓他困惑的是,他對公司的管理傾注了大量的心血,真心實意地對待每一名部下,並且對客戶公關的投入度也很高,但似乎完全沒有收到預期的成效。「我感覺不到下屬對我的尊敬,他們背地裡議論紛紛,明顯對公司是有意見的,對我的領導力也時有質疑;我的客戶關係一直以來都是不好不壞,留不住老客戶,似乎有很多解不開的誤解。」霍尼斯對我說。他今年 41 歲了,公司已有 12 年的歷史,員工兩百多人,客戶遍布全美。但總體而言,沒什麼發展前景,能維持目前收支平衡的局面就已是萬幸。

一個不懂溝通技術的人顯然是無法贏得人心的。第一,他無法讓別人理解自己。第二,他可能在理解別人的過程中也會遇到麻煩。兩個問題互相加重,造成了他會遇到諸多因溝通不善出現的狀況,其中很多狀況都是非常典型的,我們經常可以碰到。

問題一:氣氛為何不冷不熱?

你會感到和下屬間的氣氛是不冷不熱的,既無法深入交流,也不至於冷漠。它令人尷尬,好像隔了一層透明塑膠。當這種氛圍出現時,你沒辦法敞開心扉,他們也不會和你暢所欲言。就像你第一次和陌生的客戶見面一樣。

造成這種問題的根源在於缺乏信任,在互相提防的狀態中,沒有人願意多說一句話。

問題二:為何存在負面情緒?

團隊中的消極情緒到處瀰漫,沒人對你的鼓動感興趣,他們覺得你「這位沉默寡言的領導者」更像是悲觀的死神,前景肯定是一片灰暗。有時客戶也會對你有這種負面的感覺,你不能完全獲取客戶的重視。在客戶眼中,你不具有說服力。他會在心中說:「憑什麼相信你呢?你沒有展示出自己的實力!」

如果讓人沒有信心,或者你沒有向他們灌輸美好的願景並充分地溝通,就很難幫助對方建立積極的心態。

問題三:為何沒有共同話題?

作為主管,你和下屬的共同話題有限,和客戶之間也只聊公事,很少談及工作之外的事情,比如自己的愛好等。你和別人沒什麼可以暢談的共同感興趣的話題,經常三言兩語不合就甩袖走人。

這是因為你在溝通中沒有建立良好的習慣,也沒有積極主動地向人敞開你的內心;或者你只是機械教條地「商業式」地去進行溝通,難免就會給人一種「這人十分無趣」的印象。

問題四:為何執行效率很低?

作為企業的負責人,你會看到下屬的執行效率很低,工作成效不高而且同一錯誤反覆出現。當你驚奇地注視著這些不斷出現的相同錯誤時,他們即便感覺到了你的憤怒,也很難一次性地糾

正過來。你好像完全被忽視了，這種情況也並非他們希望出現的。

在低效率的工作環境中，似乎你們都沒有錯，根源就在於你們雙方沒有就工作的各個環節進行充分的事前溝通。溝通不到位，準備就不充足。就像一群人手忙腳亂地走在一個漆黑的山洞中，大家各走各的，結果是永遠走不出去。

問題五：為何激勵的效果很差？

企業的激勵效果差，儘管你制定了非常棒的激勵計畫，但效果完全出乎預料。員工們對計畫不理解，甚至有些牴觸，他們對企業的各項規定都缺乏認同感。

在制定和頒布激勵政策前，假如你沒有溝通意識，沒有提前了解團隊真實的想法，那麼再好的計畫也很難得到支援，效果自然好不到哪裡去。

問題六：為何互相缺乏認可？

領導者與員工之間的相互認可度非常低；企業領導與客戶之間的交集也非常少。雙方互相抱怨，不是你覺得對方不盡心，就是對方覺得你的眼中只有錢。

對彼此的工作理念、經營思路和產品定位缺乏詳細的溝通，工作起來就容易各說各的，「尿不到一個壺裡」。在互相缺乏認可的情況下，不管做什麼事情都會遇到挫折，難以擰成一股繩。

諸如此類的障礙，說明的都是同一個問題：溝通不暢。缺乏溝通會產生一系列的連鎖反應，但最終的結果都是一樣的，它讓

我們做不好工作,也得不到員工和客戶的認可。凡是成功的企業家,他們都是溝通大師,擁有超前的溝通思維,對問題有精確的預判並知道該從哪裡著手;凡是工作和生意出現問題的失意者,他們無一例外都有溝通不善或者忽視溝通的缺點。

■ 無障礙溝通的四項原則

在洛杉磯的那次企業家溝通課程中,我向參與者提到了「無障礙溝通」的重要性。沒有障礙的溝通並不是一件難事,但前提是要先去除我們思維的障礙——把阻擋在我們和員工、客戶之間的牆徹底拆掉,才能踐行下述原則,解決和避免溝通上出現各種各樣的問題。

透明原則:要為自己構建一個比較透明的團隊。

「透明性」是非常關鍵的,不論在企業內部,還是你和客戶之間。你要讓自己的團隊變得更為透明,要和下屬、同事相互了解各自的工作預期與興趣,還有真實的目標和將遇到的困難,把這些統統作為內部公開的資訊。資訊越透明,溝通就越容易,你和他們就越容易拉近關係,這是去除溝通障礙的基礎。

清晰原則:要清晰地把你的目標告知對方並詳細溝通。

我建議讓公司所有的成員(包括普通員工)也能參與到公司各項目標的制定中來,在這個過程中和他們完成溝通,讓他們知道「我們要做什麼」和「我們會怎麼做」。在下達命令和發布計畫以後,也要確保每名員工理解你的意圖,保證他們無障礙地接

以溝通為基礎 CHAPTER 6

受。對待客戶也應該如此。你會和生意夥伴一起制定未來的計畫嗎？還是你自己悄悄地敲打算盤？後者是危險的，容易讓你和客戶之間產生隔閡。把目標清晰地告知對方，大家在溝通時才能有足夠的共同語言和相應的想法。否則，人們不知道你在想什麼，也不清楚你想做什麼，又拿什麼來跟你交流呢？

信任原則：要在信任的基礎上去溝通。

如果彼此不信任，溝通就失去了意義，必然有一道厚厚的牆擋在你們之間，永遠都會用懷疑的眼神審視對方。不信任對方，你表達的內容的真實程度就會大打折扣，不真實的溝通自然產生不了有效的溝通。我相信每個人都更願意對那些自己信任的人講出真心話，所以一定要建立信任的基礎，再在信任的前提下去溝通。

怎樣來建立信任感？第一，對待工作夥伴就像對待朋友和親人一樣；第二，在培養信任的情感時就像培養自己和愛人之間的默契一樣。堅持這兩項原則，可以很快地創造一個信任的環境，為溝通打下牢固的基礎。

榜樣原則：要以身作則體現溝通的效果。

有的人認為自己是做大事的——多數創業者都有這種不切實際的虛榮的自我定位，因此覺得規則是約束下屬的，計畫是讓員工去執行的，自己就隨性而為，想做什麼做什麼。假如你每次都這麼做，你辛苦與人溝通的成效就沒有了，因為你在要求別人做什麼的同時，他們也會盯著你，看看你是怎麼做的。你可以看

到那些真正的優秀人物都是能夠嚴格要求自己的,他們在要求別人時,總能自己率先做到。只有以身作則,才能用自己的行動影響別人,把溝通的效果成倍放大。

充分表達:讓人了解你的需求

科斯塔在完成了對華爾街的一家金融公司的 CEO 的採訪後說:「合作的核心就是溝通,誰可以把自己的觀點明確地傳達給對方,讓雙方的思想高度融合,保持一致,誰就能迅速得到對方的理解和支援。在團隊管理與談判中,沒有什麼比充分表達更重要的策略了,你要抓住一切機會,讓人們知道你在想什麼和你想要什麼。」

作為宅急送北京分公司的前總裁,鄭瑞祥當時有開不完的會。他經常跟八九個部門的主管面對面地溝通,了解下面的情況,布置最新的任務,並向下屬解釋工作應該注意的地方。他說:「溝通有一種最簡單的辦法,就是在第一時間把計畫和任務明確清晰地布置下去,而且當場把需要達成的目標表述清楚,盡

以溝通為基礎　CHAPTER 6

量讓員工明白所有的細節要求和他們要做的工作,後面的管理才好開展。」

在溝通時充分表達,就是要把自己的想法說清楚,講出重點,並明確告知對方「我的目的」。所以你會看到,那些擅長溝通的人,他們和你說話時總是有板有眼,有事說事,絕不掩飾,開門見山地把問題講明白。反之,溝通有問題的人在表達上的效率就很低,不是隱瞞關鍵資訊,就是費了好大工夫也講不明白。

重點資訊必須完全表達

「什麼是重點資訊?」費城一家企業的 CEO 華生說,「比如我交代一項生產任務,產品、客戶、時間要求、品質要求,這些關鍵的部分就是重點資訊,我要明白無誤地告訴下面的生產人員,以書面形式通知生產部門的主管,還要當面討論其中的細節。」

華生的企業有 7 個工廠,為了保證溝通的充分,避免出現生產事故,他要求工廠的工人每小時都要進行 20 分鐘以上的資訊溝通活動——保證時刻掌握關鍵任務和重要的資訊。「否則便可能遺漏些什麼,導致問題的發生。」在這方面,華生有血的教訓,3 年前,他的企業因為工廠主管與工人的溝通不暢,工序出現了幾秒的誤差,就致使兩名工人掉進滾燙的金屬液體身亡。從那以後,他就在每一個部門都設立了「強制溝通制度」。

比如,他要求基層的管理人員把工作時間的 50% 拿出來用於

跟同事進行各種形式的溝通，包括語言和書面報告；部門的主管人員則要把自己工作時間的 60% 以上都用於溝通和交換資訊，必須保證任何一條資訊均是通暢傳達的，沒有耽誤。

完全表達，就是毫無保留地告知對方，不得有絲毫隱瞞。科斯塔說：「卓越人物清楚地知道，隱瞞關鍵資訊的行為無異於殺死自己，特別是在與人的溝通中，表達不充分的後果經常要由自己來承擔。因此，若想使工作效率發揮到極致，就要讓為你工作的人知道一切必要的資訊。」這點對於企業的管理者也很重要，把重點資訊向下屬完全表達，是提高企業執行力的重要一步。

目的必須充分說明

我發現有些人說話時喜歡拐彎抹角──這不是個別案例，而是非常普遍的情形。對方聽你講了半天，也沒聽明白你到底希望他做什麼。這就是「目的不明」。其中不少人故意不挑明話題，不講明用意，讓對方去猜，以凸顯自己的「精明」，或展示自己的地位，以此威壓對方。這是非常愚蠢的思維，而且這麼做的後果也是非常嚴重的，特別是在上下級或者與客戶之間。

安徽的秦先生是一家建築公司的董事長，公司的業務遍布中國的北方地區，從河南到河北，再到遼寧、黑龍江，都有他的施工隊伍。秦先生的目標是未來 10 年內讓公司成為行業內民營企業的龍頭老大，甚至還有向建材生產領域進發的雄心。但他萬萬沒想到，僅僅因為自己有一句話沒說清楚，就差點釀成大禍。

以溝通為基礎　CHAPTER 6

　　事後,他驚魂未定地說:「分公司的經理向我彙報橋樑施工的事情,問我有什麼指示,我隨口說了一句:『要注意節約成本。』還有一句我沒說出口,就是『還要保證品質』。結果分公司經理就聽進心裡了,跑到工地上壓縮成本,甚至偷工減料。幸虧我幾天後就從另一名下屬那裡得知了此事,否則後果不堪設想。」

　　秦先生不知道,自己作為老闆,他的一言一行都會影響下屬的行動方向,特別是他的每句指示都會被視作「老闆的目的」,然後不折不扣地執行下去。因此,當你需要在溝通中講明工作的目的時,必須毫不保留地說出內心全部的真實想法,以免下屬誤解。

　　以清晰的思路說出你的「目的」,告訴對方你希望他做什麼。在溝通中我們必須目的明確,同時要用清晰的思路和語言把目的說出來,告知對方。在表達時,應該採取溫和、簡潔、明確的方式,重要的是語言不能有歧義。

　　如有必要,你必須對「為什麼要做這件事」的原因進行解釋。面對不同的人(員工和客戶),你有必要對所傳遞資訊的背景、依據、理由等進行解釋,務必使對方完全清楚和理解。比如你要給下屬分配一項重要的工作,那麼就要對這項工作進行全面的分析,告訴他們為什麼要達到這個目的,以及為什麼需要這麼做,從而增強下屬的認同感和執行效率。

控制你的反應速度

你在溝通中能否體諒他人，採取溫和的「溝通反應」，決定了你的情商水準和溝通思維的層次。也就是說，在溝通時你的反應要稍微「慢一點」，別急著開口，也不要企圖迅速得到理解，然後支配對方。你要控制自己的反應速度，降低姿態，在同理心的基礎上與他人溝通，再結合對方實際的工作能力，那麼你就能和他人之間建立一條很重要的資訊交換途徑。

■ 怎麼當好優秀的「傾聽者」

不要「假裝在聽」。很多人是「擅長傾聽的演員」，他們演技高超，看上去好像在認真地聽你講述，偶爾也會點頭表示理解，但實際上完全沒有注意到你在說什麼。我見過不少企業家都以這種方式應付溝通——他假裝在聽，其實是在思考其他毫無關聯的事情。他對於別人說什麼並不關心，也沒有聽進去，而是一直在計畫如何說服對方。這種層次的傾聽是冷漠的，通常也是無效的。結果必然是既說服不了對方，又傷害了雙方的關係，導致衝突的發生。

不要「只聽不問」。還有些人的確拿出了傾聽的誠意，準備

以溝通為基礎 CHAPTER 6

為後面的溝通打好基礎。他性格溫和,很有耐心,願意聽別人把話說完,但他的傾聽只針對「表面的詞意」,沒有觀察和揣摩講述者的語調、表情、肢體動作、眼神所包含的其他意思。簡言之,他缺乏心靈層面的傾聽與交流。雖然他不斷地點頭同意,認可對方的觀點,但很多問題其實被掩蓋了——對方以為你聽懂了,實則你只是「剛開始嘗試理解」。有大量的老闆和下屬、企業家和客戶的誤解都是由此引發的,你在溝通時反應過快——讓對方誤以為已經理解,埋下了日後矛盾的種子。

在傾聽時「感同身受」。優秀的傾聽者擅長在溝通中開啟彼此的情感交流——他可以在說話者的資訊中敏銳地尋找和定位自己感興趣的部分,以此為突破點獲取更有深度的資訊,和對方展開主動的交流。為了達到這個目的,你要十分清楚自己的個人喜好和態度,更好地區分對方的表態是試探還是最終的建議。你要避免自己過早地做出武斷的評價或是把溝通變成爭吵,因此不能急於表態,而是去體會對方的情感,嘗試交換位置,設身處地看待問題。在這個過程中,你要更多地採取詢問的方式而不是點頭或搖頭。

▪ 放棄「結果思維」,不急於求得理解

溝通就是為了獲得一個有利於自己的結果嗎?聽起來是的,但不能過於赤裸和直接。有利於你的東西可能會傷害對方,至少別人是這麼認為的。你需要實現雙贏或多贏,而實現的基礎就是理解——去理解對方的訴求,暫時掩蓋自己的目的,當你們能夠

找到一個都可以接受的方案時，你的目的也就實現了。

優先理解對方的需求，而不是急於實現自己的目的。認真傾聽是實現理解的第一步，也是探知對方「底牌」的必經之路。也許對方一開始就激烈地指責你，他控訴你的某些做法。你對此並不認同，但必須克制自己反駁的衝動，冷靜地問問自己：「他的需求是什麼？我們之間有交集嗎？」如果你在溝通中始終以「結果思維」為導向，圍繞自己的目的做文章，勢必會讓溝通走進死胡同。你不理解他，他怎麼會理解你呢？要高效地得到自己想的東西，就得高效地展示自己的胸懷，接納對方的目標。

知道別人「想什麼」，還要理解他「為何這麼想」。簡單地說，這就是「同理心」。這是一種對企業家和任何溝通者均很重要的本領。你不僅要意識到別人在想什麼，想要什麼，而且要深深地理解別人「為什麼這樣想」以及「為什麼想這麼做」。這能助你化解雙方的糾紛，降低衝突的強度，把很大的矛盾化解成一件微不足道的小事。

美國一家航空公司的總裁在一次商業論壇中對我說：「就像處理顧客的投訴，經理應該首先讓乘客知道航空公司對他的心情十分理解並深有體會。安慰乘客不是目的，滿足乘客的需求並解決問題才是目的。」現實中，許多航空公司在航班延誤時的處理手段都沒有收到效果，就是因為他們沒有真正理解乘客的需求，並且用自己的行為告訴乘客「自己並不理解」，於是矛盾就不可避免地激化了。

CHAPTER 6 以溝通為基礎

任何時候都應提供安全感

我們在企業的內部溝通還有一個不可忽視的功能：為團隊成員提供心理層面的安全感。你要知道，在世界上最好的企業中，員工仍會察覺到自己的「不安全」——激烈的競爭會不會讓我有朝一日突然丟掉工作？企業對我的未來有什麼安排？這是每個人都非常關心的問題，而你的任務就是明確地告知他們你和企業的想法，引導員工長期為企業做出貢獻。

「安全感」包括四個部分：

身體的安全：工作環境的安全度及對身體健康的影響。

組織制度的信賴度：公司的各項制度是否公平和公正，能否保障我的各項正當權益。

足夠的培訓和機會：有沒有機會提升自己的工作能力，以及內部的晉升通道是否順暢。

心理的安全：在這裡工作，我的心情是否舒暢，有沒有精神上的歸屬感。

這些不同部分的安全感，正是企業家和部門的主管人員要給員工營造的感覺。沒有這些安全感，員工就很難長期忠誠於一家企業，更難以聚攏人心。如果一個人在你的企業中能夠享受到優

厚的福利、薪酬並且有大量的成長機會，不用你特別做什麼，他就會產生足夠強的歸屬感。當你擁有很多這樣的員工並用溝通安撫他們的人心時，團隊就具備了非常強大的凝聚力。

■ 公司有沒有「前途安全感」

我們需要將企業的「員工流失率」控制在一個較低的比例，保證員工在心理層面的安全感——「公司不會輕易開除我，因此只要我努力工作，我在這裡就是安全的！」缺乏安全感會導致人才的流失，特別是當他感覺在這裡沒有足夠的前途保障，缺乏上升空間時。雖然沒有人願意隨隨便便地換工作，但如果你沒有給他充足的事業上升機會，並且平時的溝通也有問題，他就會考慮離開這裡。面對這種情況，你就必須安撫他們的情緒了。最重要的，是你要告訴他們「公司為其準備的職業發展計畫」。

微軟中國公司技術部門一位能力優秀的王先生近日向部門主管提出了辭職的請求，而他的辭職理由讓主管備感吃驚。

「雖然我在微軟公司能夠享受到副總裁的待遇，但我還是決定辭職。」王先生認真地說。

「這是為什麼呢？如此高的薪水仍然留不住你？我很想知道原因。」

「說出來您別笑話我，」王先生苦笑著說，「我在微軟做了5年多，技術上沒問題，業績也很好，當然公司的福利待遇也很讓人滿意，可就是這職位讓我很沒面子。」

以溝通為基礎　CHAPTER 6

「職位不就是個稱號嗎？拿到實實在在的高收入才是正經事嘛，難道你對這麼高的收入還有不滿？」主管非常不解。

王先生嘆口氣說：「上個月我和妻子去參加老同學的婚禮，其間遇到了很多舊友。大家都在興致勃勃地分發名片，我接了很厚的一疊，所有人都是經理、總經理、總監、副總裁之類，而我的名片上卻是普通的軟體工程師，要知道在人們的傳統觀念中都瞧不起寫代碼的。這件事也許很小，但沒有一個體面的職位，這讓我的妻子也感覺很沒面子。所以我仔細考慮了，也許繼續留在微軟，我的上升空間會很有限。最後，我特別向您聲明一下，這不是錢的問題，是我對前途的綜合考慮。」

部門主管並沒有當場答應王先生的辭職請求，而是留下了他的辭職信，讓他再回去考慮考慮。王先生雖然年齡不大，但他技術精湛，是一個不可多得的人才，沒有哪一位老總願意放走這樣的人才。而且近年來微軟人才流失嚴重，如果不是福利待遇的問題，那可能就是員工在「職業前途」上產生了擔憂。為此，該技術部門的主管決定聯合人力資源部門做一個內部的「職業發展調查」。

結果很快出來了，對於這樣的結果他並不感到意外，同時對部門的未來深感憂慮：在技術部門以及工程部門，超過80%的員工都把升職作為職業發展的目標，他們希望自己能一直升職，成為更大的主管人員，只有不到12%的雇員願意一直從事技術工作。與外界對微軟的傳統理解相比，調查結果是顛覆性的。

對於王先生提出的「只有加薪沒有升職」的辭職理由，這位主管經理選擇了另外一種處理方式——用溝通排解他對於職業前途的憂慮。為了給技術員工提供職業的安全感，他和人力資源部門想到了一個升職之外的辦法——精神鼓勵和創新激勵。他知道，單純的升職並不能打消技術人員的顧慮，要解決根本性的問題，就必須讓人們意識到自己的工作是非常重要的——是公司的「無冕之王」，是微軟的財富。

第一，加強技術人員的互相溝通。技術部門從微軟總部請來那些資深的軟體工程師，讓他們在分公司的不同部門開講座，與同行分享自己的技術開發經驗，為各級的技術員講述開發的樂趣，互相交流心得。

第二，強化微軟特有的技術傳承制度。比如，由老員工來帶新員工，構成「一老一新」的工作組合，由資深工程師為新來的技術人員提供指導和培訓。經過一段時間後，新員工在工作理念、價值觀等層面便很好地融入了微軟的技術文化。

第三，技術創新與「以技術驅動為主的團隊文化」。分公司在內部把技術人員的重要性放到了前所未有的高度上。定期舉行一些技術創新的比賽，普通的技術員工有機會被介紹給經驗豐富的高級技術員或者專家。通過他們的幫助，這些技術人員的想法就可能被採納，成為可實現的項目方案。同時，著力打造以技術人員為核心的團隊文化，強調技術研發對於微軟的重要性，讓工程師們意識到自己在公司是處於中心位置的。

以溝通為基礎 CHAPTER 6

　　從這三個步驟入手,該分公司舉行了一系列的溝通座談會。部門主管和王先生這樣的技術人員一個個談心,告訴他們公司的團隊管理理念和技術對於微軟的重要性:「這不是職稱能夠體現的。」話雖這麼說,微軟中國公司仍然在職位和名稱上進行了一定的調整,比如增加了技術經理的職位。如此一來,這些技術開發人員的職業發展目光就不會局限在升職上,而是會換一種思路,更加用心地開發和提高自己的技術能力。

■ 不管是否犯錯,員工都是「安全」的

　　現在很多管理者都不願意承擔下屬所犯的錯誤,其實這種想法或者做法是不對的。優秀的企業家和部門主管人員能夠心甘情願地去承擔下屬的過錯與缺點——就像家長保護自己的孩子一樣。在不傷害企業管理制度的公正性的前提下,這麼做會為員工帶來無與倫比的安全感,讓他們知道自己不管有沒有錯誤,都會是安全的,並相信你一定會公正地對待他們。假如你只會將責任推卸給下屬,隨隨便便就拿他們替自己遮風擋雨,那麼你的企業環境就是「危險」的,員工會紛紛逃離。

■ 每個員工都有「基本人權」

　　員工都有哪些「基本人權」?

　　第一,他有因為自己的付出獲得相應報酬與基本福利待遇的權利,並處在法律的保護之下,任何人都不能剝奪。

第二,他有受到人格尊重及「工作時間」之外不能受到人身限制的權利,任何管理者都不能侵犯,包括企業的最高領導者。

第三,他有獲知企業的歷史、榮譽、文化背景、價值觀及管理制度和未來前景的權利,管理者有義務告知。

第四,他有明確了解自己的工作職責、工作流程及請求同事工作協助的權利,管理者也應該給予滿足。

沒有這些「基本人權」的滿足,員工在企業中就很難找到安全感。這種滿足應該從他入職的當天就能體會到。作為企業的領導者,或者說作為一名有洞察力和願意改變的人,你首先要做的就是為滿足員工的這些基本權利提供所有必要的協助。

在這裡,我還要強調的一個方面是,你的任務是讓自己成為團隊工作的組織者、協調者以及安全環境的「保護人」;你要站在周邊為員工遮風擋雨,保護他們的權利不受侵害。就像羅傑斯說的:「我認為偉大的企業家應該設立團隊憲章,並成為它忠實的執行者。」不僅如此,你還應通過反覆的溝通與灌輸,讓這一文化成為團隊的共識。

■ 以「工作標準」的方式去溝通

如果企業的「責任體制」掌握在管理者一人之手,或者時常受到個人意志的干擾,缺乏監督,那麼每名員工都會覺得自己是危險的——「當企業出現問題時,我會不會成為老闆的替罪羊?」他們感覺自己隨時會被「揪出來」,扔到祭壇上被上司大

卸八塊。

　　為了避免這種局面，你要做好目標管理，設定統一的「工作標準」。這意味著團隊的溝通擁有了標準語言，員工不用再費盡心機地猜測上司的意圖，他們只需按照標準行事即可。有了這個標準，錯誤發生後就可以不受干擾地追究責任。此時，員工的內心是安全的，他們會知道自己做了什麼，有沒有違反規定。

　　「工作標準」中需要與員工溝通的內容：

　　工作對執行者的定位、要求和期許。

　　工作如何進展和流程規定。

　　工作需要達成什麼結果。

　　工作有什麼具體的要求。

　　工作做好了會怎麼樣，做壞了會受到什麼懲罰。

　　激勵政策及考核標準。

　　這些詳細的規定能夠讓員工擁有一本執行手冊，讓他們知道如何做好工作，以及怎樣在錯誤發生時善後。當他們需要寫一份工作彙報時，也能找到參考依據，用公司規定的「語言」向老闆講述自己的看法。

■ 建立人性化的制度

　　有一家德國企業在中國有分公司，總部從德國派來了新的分公司 CEO 博西格先生。博西格來了以後，發現很多對員工的工資扣罰都跟公司的規定不符，比如有些員工因為遲到被罰掉了很

多錢，但又找不到相應的規定。於是，他就把人事總監叫過來問：「有哪一條法律規定員工遲到必須罰款嗎？」人事總監說沒有。博西格馬上做出新的規定，所有對員工的罰款，違背當地法律和總部制度的全部去除，扣掉的錢要還給員工。

但是，這並不意味著員工可以隨便遲到而不受處罰。博西格的看法是，員工加入本公司後，他是知悉公司的各項管理規定的，並且對於上下班的時間這些明文規定已經認可。那麼在這種認可的情況下仍然遲到，意味著他違背了自己入職時的承諾。所以，不能置之不理，但也不能上來就罰錢。

於是，博西格就給公司所有的管理人員發郵件，告訴他們，當員工第一次遲到時，由人事部門和該員工的上司共同跟他談話，以後每遲到一次，談話的級別就增加一次，最終當需要博西格親自出來談話時，那就是該名員工的最後一次機會。如果他還是繼續遲到，就把他解雇。但是絕不罰款，也不在公司內部公開。

博西格的做法體現了對員工的尊重和信任，對制度的執行也有「人性化」的味道。錯誤可以犯，初犯者也是安全的，但終歸要受到處罰──如果不思悔改繼續違反。在處理和糾正錯誤的過程中，他主張對員工要給予正能量，用鼓勵和支援的方式幫助他們成長，而不是一上來就揮舞大棒，攻擊他們，甚至讓他們立刻為錯誤買單。這就是安全感的塑造，時間長了公司便形成一種互相尊重的文化，員工遵守制度的自覺性也將大大增強。

CHAPTER 6 以溝通為基礎

■ 別折騰員工

錢伯斯說:「思科永遠尊重員工。我們知道『不尊重員工』的公司無法成長,尊重既體現在賦予偉大的責任,也表現在團結一致。」團結的基礎是「不折騰」,是給予員工信任和融入公司的時間,而不是對他呼來喚去。

有的老闆對下屬特別沒有耐心,招進一個人來放到一個職位上,就用放大鏡看著他的工作成績,兩個月不見成效就想換人,或者想把他調到其他地方去試試。這無疑讓員工沒有安全感,他剛剛適應了新職務的要求,還沒開始做出成效,就要到一個新環境中重新適應。這是很大的精神負擔,員工也很難產生歸屬感。

除此之外,你也不能折騰員工的「階段性目標」——當你做出一個決策並讓員工開始執行後,你自己就該對決策負責,支持員工繼續執行下去,直到見到效果,而不是三番五次調整員工的方向。沒有誰能經得起這種「調整」,如果你總這樣折騰他們,他們也會反過來折騰公司——受到損害的是企業的成長。

■ 用溝通鼓勵開放性的人際關係

內部「開放性」的員工關係能夠讓所有人都感到安全,重要的是快樂與成長性,就像學校或家的感覺。企業管理者有義務和責任協助他們形成這種關係,建立良性的互動。作為企業的帶頭人,你要起到榜樣作用,和下屬「打成一片」,來傳遞管理者層面的正能量,促進員工彼此關係的融洽。比如,你可以為員工提

供內部的輪崗機會，提高他們參與企業各個層面建設的積極性，對員工的互動交流不要打壓，更不要抱怨。因為強有力的示範效應，你的一舉一動都是非常重要的。

「人才流失率」經常和人際關係的好壞息息相關。優秀的人才為何經常流失？骨幹成員的跳槽率為何居高不下？一般而言，你會考慮是不是「錢途」的問題，但很多時候，它只是一個「氛圍問題」。人才在你這裡交不到朋友，沒有可溝通的對象，時間久了就想離開。團隊人際關係的好壞往往決定了「人才流失率」的高低，你必須時常跟他們溝通，找他們談心，促進員工之間的情感交流。你要充當一根繩索，把每個人串聯起來，讓他們在你這裡感受到關心與友愛。

當然，只有關心還遠遠不夠，你還必須盡一切所能幫其融入團隊。溝通就像車軸的潤滑劑，可以減少摩擦。為了盡可能創造安全的環境，挽留優秀的人才，你要盡可能地幫助他們解決工作和生活中所遇到的難題。這要求企業家都必須對下屬展示自己的關切之心，化解他們遇到的問題，例如工作條件、生活環境或同事間的矛盾等，解除他們的後顧之憂。

以溝通為基礎 CHAPTER 6

定期整合人際關係與客戶資源

2007 年,公司的資金周轉不開,我開口向朋友借錢,朋友爽快地答應了,第二天就把錢匯到了戶頭;2012 年,我想重倉投資某一檔股票,對它做了一些了解,但資訊掌握得並不是太全面,就向一位關係很好的金融專家請教,他很快就把自己搜集到的資料與分析傳給了我;2015 年,我遇到了一位很重要的客戶,可互相不太熟悉,於是就請了一位雙方都熟悉的朋友過來,很快雙方加深了關係,順利地完成了合作。

這些事情說明了什麼?說明了人際關係與彼此間的溝通是多麼重要。現在是一個全球溝通的時代,誰懂得去和自己的人脈溝通,誰就能獲得最有價值的資訊,並把這些資訊體現為實實在在的價值。威爾許說:「取得優異成績的企業家到處都有朋友,他們就像在乘坐電梯;反之則如同攀爬樓梯,付出很多收穫卻很少。」能不能整合好自己的人際關係與客戶資源,決定了你能否聚攏人心,這也是精英思維與大眾思維的根本區別之一。

■ 溝通的深度決定了你的資源厚度

我在為來自不同企業的管理者上課時,都會讓他們做一道關

於「人脈整合」的作業:「請寫下你身邊資源最豐富的 10 個重要的人。」舊金山一家科技公司的總裁彼得說:「很簡單呀,這樣的人我能寫出 100 個!」我說:「如果他們不認識你,你寫一萬個也沒用;如果你和他們沒有一定的交情,寫出來的意義也不大。交情好到什麼程度?至少可以把他們約出來喝一杯咖啡。當你把這些人的名字列在名單上後,你再想一想自己有什麼資本能夠打動說服他們。」

當你認真地思考這個問題,認識到它的重要性時,你會發現這 10 個人一定是「不簡單」的。他們是相對比較成功的人士,是各個領域的精英,並且都有一個特點——他們擁有成功的思維方式,且有許多資源可以利用,而你一直忽視了他們,讓他們的名字在自己的通訊錄中沉睡。

就像我告誡彼得的,整合人際資源不是隨便把一個不重要的人從名單上剔除,也不是把一個掌握大把資源的人寫上去,而是一種對現有資訊的分類分析和強化利用。因此,你要先明確幾個問題:

你要什麼?(目的)

你有什麼?(條件)

你缺什麼?(資源)

一般來說,我們對自己缺乏的東西都有清晰的定位。有的人缺資金,有的人缺團隊,還有的人缺技術或者管道。但我認為所有你缺乏的東西,到最後都可以定位為一個「溝通問題」——你

有一些好的資源,但沒有與他們形成有效的溝通,因此永遠整合不到一起。你和這些人溝通的深度,整合的力度,決定了你能不能解決自己面臨的問題。

■ 站到巨人的肩膀上

我們知道,微軟公司是這個世界上最成功的 IT 企業,它的創始人比爾・蓋茨曾經多次登上世界首富的寶座。但微軟的成功從來不是單打獨鬥,任何一個成功的企業都是如此,像西門子、松下、阿里巴巴、思科還有華為,它們的創始人還有執行官都是擅長溝通、整合資源並且習慣借力的卓越領袖。

比如,微軟的成功源於與 IBM 的「合夥」——為它提供了崛起的第一桶金。IBM 就像是巨人的肩膀,而比爾・蓋茨恰好從一開始就站在了上面,起點已經高出了其他公司。他在起步階段沒有拒絕強者的介入與幫扶,並且巧妙地表達了自己的商業思想,把強者的力量轉化為自己的成長動力。

人際關係與客戶資源的整合在本質上屬於「人心策略」的一部分,不怕你意識到太晚,就怕你的手中什麼資源都沒有,在所有的環節你都不具備優勢,那麼根本就談不上找到正確的發展方向。

在中國,有一家專門提供各種農業資訊的地方廣播電台,由於聽眾少之又少,所以電台根本不賺錢,甚至每年都在賠錢運營。這個廣播電台在創建之初預期的年盈利應該是一千萬,因為

他們手裡擁有數千萬農業使用者的資料。這一千萬的盈利還只是保守估計，但執行起來後卻與預計大相徑庭。原因有很多，其中很重要的一條是他們作為一個新的平台，雖然資訊很多，但知道它的人實在太少了，宣傳起來成本太大。所以，先後上任的幾個台長都未能解決發展的實際問題，電台就這麼不慍不火地處在將要關閉的邊緣。

後來，台裡來了一個非常有經驗的王主任，他一來就開始著手整合資源，籌劃怎麼能讓這些資源以最小的成本轉起來。經過一個多星期的了解，他發現台裡其實並不缺乏優質資源，因為手裡有上千萬的農業用戶，這些用戶就是盈利的關鍵。現在的問題還是老問題，如何能讓用戶知道他們這個平台？怎樣去說服人們都到這裡做廣告，利用電台的管道做生意？

王主任心想，做宣傳的第一個辦法就是印傳單，最起碼要發行幾十萬份，而印刷費粗算下就需要十幾萬。怎麼能不花錢就把傳單印出來呢？他想到了那些對農業用戶更有興趣的商戶，比如賣種子、農藥、化肥等的商家——他們的產品更需要宣傳和推銷。於是，王主任讓業務員迅速去聯繫這些商家，告訴商家台裡可以幫助他們進行宣傳，在傳單上印上商戶的廣告資訊，商戶們只需要出印傳單的資金就可以了。並且，他還和商戶們商定好，在今後銷售的每一袋種子、化肥等的包裝袋上都要印上他們廣播電台的廣告，而且台裡會定時定期地為他們做宣傳廣告。這樣一來，廣播電台一分錢未出，自己的平台就進入了千家萬戶。可以

以溝通為基礎 CHAPTER 6

說，王主任以一種成功的溝通說服了農戶和商家，為電台找到了發展的方向。

整合資源不僅會讓你手中的資源更加清晰，而且會讓你的籌碼產生疊加倍增的價值。應用到談判當中就是：「我的價值對你有什麼價值？」當你進行談判資源整合的時候，有三個問題必須回答：

其一：你能提供什麼？你對別人的價值在什麼地方？

也就是說，你必須明白自己有哪一些資源是別人需要的，而不僅是開口向人索求幫助。一個很重要的溝通原則就是「提供己有，換來己無」。你可能有一個雄心勃勃的計畫，試圖像索羅斯、祖克柏那樣做成一些大事業，但你總要拿出足夠的資本，才能和人進行交換。更重要的是，你要讓人看到可以幫助對方的地方。

其二：你有沒有溝通和配合意識？你在30歲時還是獨行俠嗎？

這個世界上只有團隊可以做出成績，因此溝通才是如此重要。沒有哪個人可以憑藉個人天才創造一個時代，就是賈伯斯也不能，他也需要蘋果公司優秀的技術團隊的支援。要想改變世界，就先改變自己，提升溝通和說服力，並主動學會與人配合。因此，你必須告別獨行俠的日子──假如到30歲時你還信奉個人英雄主義，就很難取得任何成功了。

其三：你和別人聯合起來能做什麼？共同利益在哪裡？

你要有一份理性而長遠的目標，讓別人得知你的「計畫價

值」，找到共同點和利益的交集。這是聯合的基礎，否則沒人會為你提供資金和其他資源，也不會有人在乎你到底在想什麼。通過有效的溝通，列出自己的計畫，講明共同關心的部分，那麼就很少有人會拒絕你。你最後能否完成計畫，取決於你溝通和整合的結果。

■ 有機會壟斷，就別分享

資源整合的最高境界是「資源的統一」，當一個人達到這個目的後，他必然走向了一條壟斷的道路。就像洛克斐勒與卡內基的「壟斷競爭」，他們互相不停地溝通，試圖說服對方按照自己的商業模式一起發展，但兩位強者均拒絕了對方的提議，採取的都是整合掉對方的思路。洛克斐勒與卡內基都是產業大王，是舉世聞名的慈善家，但他們從不忌諱的是自己對客戶、對競爭對手的態度──溝通可以，但你必須服從於我。所以，當有機會形成壟斷時，他們是毫不客氣的。

如果你了解 Google 公司的成長歷史也會發現，這位矽谷巨擘的成長並非單純依靠技術和商業手段。它從一家小小的車庫公司，從創建到壯大，從不起眼到占據統治地位，整整經歷了 20 年，其隱藏的巨大秘密就是整合與壟斷。壟斷並非阻止別人賺錢，而是說服所有的相關資源都聚合到自己的系統中，讓自己可以賺更多的錢。現在你可以看到，Google 公司的壟斷，已經形成了一條盤根錯節的生態鏈，一個從下到上的層級系統。

以溝通為基礎　CHAPTER 6

據調查顯示，Google 在美國搜尋引擎市場的份額占到了 60% 以上，其搜索廣告的收入已達到了將近 80%，在一些網站、企業、廣告商以及某些機構的年收入總額中，光是來自 Google 的收益就占到了將近 45%。放眼全球，眾多能夠進入搜索結果排行榜的知名網站都要依賴於 Google 的「幫助」，由此可見，Google 為其提供的機會是讓他們始終無法捨棄的。

最厲害的壟斷是對「行業標準」的統一。

《從 0 到 1》的作者彼得‧提爾說：「壟斷是對創新的一種獎賞。」這說明壟斷的類型並不是唯一的，因為創新思維極大地改變了今天的行業組織結構。重要的是，高明的壟斷者不但說服了同行，而且用新的標準統一了同行。

不斷地創新，直到每個人都按你提供的路徑「思考」。

Google 式的壟斷為未來的創業者提供了一個新的標準——我們未必一定按照「行業聚合」的實體模式去整合資源，還可以為全世界創造一種新的商業模式。這是資源整合的至高境界，就像賈伯斯一樣。他用創新去溝通，用技術的發明去說服人心，從而為蘋果公司打造了一個無可撼動的科技帝國。重要的是，他創造了一種新的思維方式，引導了未來的產品設計潮流，從而贏得了廣泛的人心。

CHAPTER 7

做有
價值的事

只關注少數重大目標

5S 現場管理法

控制爭論就是在減少損失

以結果為導向

節省時間與提高效能的秘訣是什麼？怎麼才能做「正確的事」和「正確地做事」？怎樣分辨兩者的區別？如何用最低的投入獲得最大的回報？優秀人物都懂得如何高效地思考和行動，任何時候都不會把時間浪費在沒有價值的地方。

頂│級│思│維

不要在沒有意義的事情上浪費時間

企業管理者的日常工作充斥著各種瑣事，無數的文件擺在桌上，但可能只有少數工作是重要的，多數則是次要的。這是一個人人皆知的道理。對於高效的管理者來說，首先應該做那些重要的工作，這也毫無疑問——我們要把最多的時間用到最重要的事情上，才能獲取高效的行動。

那麼次要的工作呢？「次要的工作放到最後面去做。」在我的課堂和研討班上，大多數人的回答如出一轍，大家都覺得所有的工作都是不可或缺的，區別在於處理它們的順序。但這恰恰是絕大多數人一直存在的誤區。他們以為所有自己管轄範圍內的工作都要做，無論大事小事都要列在自己的計畫內。因此，他們才會像救火隊員一樣忙得上竄下跳。

正確的答案是什麼呢？很顯然，大部分「次要的事情」並不需要我們進行思考，它們應該被踢出你的工作範圍。簡而言之，有些工作你根本不需要去處理。

■「做正確的事」和「正確地做事」

傳統的管理哲學都在叮囑管理者必須區分「重點」和「非重

做有價值的事 CHAPTER **7**

點」,並且警告管理者要做「重要的事」,因為瑣事和不重要的事會吞噬你的時間。但除了「重要的工作」,我認為管理中還有一個關鍵點也是應該被拿出來討論的,那就是「做正確的事」和「正確地做事」。

這些年來,我一直對企業家的效率差距進行調查和研究:「擁有同等資源和條件的企業家為何在短短的5年中就產生了相當大的差距?」在我們定期舉行的主題研討課上,人們為此議論紛紛,始終難有定論。多數人把企業家的差距定義為天賦、行業或地區政策導致的結果,他們認為強迫區分企業家的「效率層次」是不客觀的,沒有尊重他們在實際管理中的付出。可實際上,把時間浪費在沒有意義的工作上的管理者四處可見。

我們在追求管理效率的過程中,不能迫切地要求管理方法必須「一針見效」,有時候保持一種信徒式的堅持和毅力更為重要。在實現高效行動的路上,你必然會遇到這樣那樣的問題。但如果你的目標太多,要管理的問題複雜而沒有統一性,到頭來就是所有的事情都淺嘗輒止,然後半途而廢,到最後必然白忙一場。

放到實踐當中,「高效管理」為什麼會如此難以執行呢?其中一點可能是與一些國家或地區的企業家長期形成的某些根深蒂固的認識有關。在企業組織的日常活動和管理中,仍然有很多領導層的人相信「忙碌」就是認真負責,「氣氛緊張」就是充滿活力,「事情多」則表示人人都有事做,顯示企業的管理運行很有效率。

但這真的正確嗎?答案截然相反,那些停不下來的「匆匆腳

步」恰恰說明了企業組織的運行無序以及管理效率的低下。

不過，還有一個我們無法迴避的原因——管理工作中仍然有很多我們不得不處理的瑣事——儘管它們並不在重要工作的範疇，而且還是一些「見怪不怪」的小事情。不得不說，想要把這些難以脫手的「表象重點」徹底消除有不小的困難，但每個管理者都應竭盡所能，盡量地減少它們的影響。高效管理者並非不受這些瑣事的纏擾，他們也無法擺脫，只不過他們能夠以最高的效率和最小的精力把它們處理好。

你也可以做到，比如把處理小事的時間放到自己精力最無法集中的時段，像下班前的一個小時、午餐或者晚餐的時間、下午一兩點鐘最想睡的時候。這樣你就能把其餘的時間充足地投入到重要事情中去。

就目前來看，我所接觸到的高效人士，他們在提到自己的效率時，通常不會提及自己完成了多少工作量，而是衡量自己的目標業績。我們的業績是怎麼得來的？業績與日常工作活動沒有任何關係，能使其產生結果的只有你平日裡最關注的那些少數重要目標。把這些重要目標實現，你就能夠「做正確的事」並且「正確地做事」了。

■ 只關注少數「重大目標」

「成功人士」也並不輕鬆，儘管他們的重點目標少之又少——企業家通過授權已擺脫了多數工作的壓力，但這並非意味

做有價值的事　CHAPTER 7

著他們可以慵懶地四處打球逍遙。目標的削減只是範圍縮小了，壓力和責任卻因為這壓縮的目標而變得更巨大。每一個高效能人士都是如此，他們只關注那些具有重大意義的事件，每成功地完成一個，個人能力的發展就會再上一個更高的層次，這是一種自我實現的目標激勵手段。

這種只關注「重大目標」的原則聽起來有點抽象，但其實它是很具體的。只不過，在日常工作中你不會短期見到迅猛增長的成績，但在年度目標裡你就會發現它的成效——重大目標帶給我們的紅利總是姍姍來遲。

為什麼高效能的成功人士少之又少，而大多數人只能平庸地碌碌無為呢？這是因為大多數人都在完成著那些「多數而不重要的目標」。大量繁雜卻又極其占據精力的事件充斥在日常工作中，根本沒有閒暇關注自己的目標發展，且無法及時地展示勞動成果。他們只是在關注我是否「做完了」，卻很少自問：「這重要嗎？」這類人不管是生活還是工作，都像沒有生氣的機械一樣，缺乏激勵，日復一日，很難突破環境及自身的局限。

針對此類現象，你要如何才能打破效率低下的怪圈？

很多人試圖通過短期的員工培訓和提供突擊性的「職業發展項目」來解決，但並沒有多少卓然的成效。效率不是靠突擊實現的，它隱含的是人們高效思維的成果，而且是長期性的。我們對待自己和普通員工都要運用「重大目標」的激勵原則，讓長期目標和工作任務來指導員工的成長，而非短期效益的誘惑。你要讓

目標的完成和業績的達標來監督員工的行為和工作進程，而非死板的規章制度和上級的兩隻眼睛。

當你給予自己和員工一定的時間自由度時，針對目標的分類和聰明的自主選擇就出現了。也許短期內看不到實質性的效果，但到年終總結的時候你會發現，今年的年度目標很可能已經超額完成。

■ 迅速丟棄失去價值的東西

我們在制定工作目標的時候習慣於這樣的邏輯方式：我要做什麼？我應該做什麼？但具備較強頂級思維的人卻會反其道而行之，他們會反過來思考：

我不要做什麼？（不符合我的目標，因此不能做）

我不該做什麼？（現實條件的局限，因此不能做）

這是我要說的「高效思考」原則，把那些「失去價值」的事務從你的清單裡面刪除，毫不憐惜地扔進垃圾箱。這是一項必要且價值巨大的「垃圾清理」工作，你必須耐下心來好好地統籌規劃自己的工作任務，並把那些習慣了卻沒有意義的專案清理掉。不然，這些「垃圾」會在你的工作中不斷堆積，悄無聲息並毫不留情地降低你的工作效率，占據其他項目的時間。

在這些年的管理課程中，我總會鼓勵學員立刻停止那些沒有價值的事情，這些事情可能是在你的習慣中根深蒂固的，是你每天反覆不停做的。基於人的思維和行為慣性，要立刻停下來確實

做有價值的事 CHAPTER 7

有困難,但為了組織工作更加高效,每個人都要花點工夫去努力達成。

最後,要想徹底去除沒有價值的工作,不能僅僅停留在口頭上。你要把相關的計畫寫下來,每天強迫自己按照新的計畫去做。不要偷懶,更不能放縱自己回到原來習慣的軌道上去,否則,你的一切努力都有可能白費。

創造一個「高效率環境」

環境不但決定人,它還同化人。高效的環境訓練出高效的行動家,低效的環境則只能培育出無所事事的懶蛋。在一間擁有優良工作環境和積極氛圍的辦公室中,一群能力素質很高的工作夥伴,大家聚集在一起會安靜地投入工作,精神高度集中,工作的效率自然就高。反之,一個人人都在高聲講話、隨便聊天說笑的環境,再加上一群缺乏自制力的同事,工作效率能好到哪裡去呢?就算你不參與其中,情緒也會受到其他人的影響而無心專注於自己的工作。

頂級思維

■ 5S 現場管理法

在現代企業管理中,有一個非常著名的「5S 現場管理法」。5S 的含義包括整理(Seiri)、整頓(Seiton)、清掃(Seiso)、清潔(Seiketsu)和素養(Shitsuke),因此它又被稱為「五常法則」。5S 現場管理法最早應用於生產現場的管理,起源於日本的豐田公司,主要管理對象就是生產現場的工作人員、生產材料、工作方法和機器的運行等。說白了,就是用一套系統高效的方式來模式化生產過程,使產品的品質管理得到基礎的保障。正是因為這種有序高效的管理方法,才使得日本在「二戰」之後的工業生產量大幅度增加,工業品質得以更快地發展提升,低品質產品大大減少。

後來,在豐田公司的大力推廣下,日本的很多企業都把 5S 管理法則運用到了實際管理工作中。逐漸地,這套管理法得到了越來越多的國家的認可,更多的亞洲乃至歐美國家的企業也紛紛採用 5S 管理方法來管理工作環境,提高生產效率。

2008 年,我曾經受邀到訪豐田公司在奈良的一家分公司,在管理部主管滕間輝先生的帶領下參觀了他們的生產工廠。不得不說,豐田各部門的工作環境都給了我非常大的震撼——無論是場內的設備擺放,還是場外的綠化環境,每一處物品的擺放都井井有條,員工們像工蜂一樣步調忙碌但又緊張有序,工作態度非常專注和嚴謹。

你會看到員工像訓練有素的士兵一樣往返於自己的工作崗

做有價值的事　CHAPTER 7

位，貨物也隨著他們的移動有序地挪來挪去，每個人都活動於自己的範圍，卻又不妨礙其他人。我驚訝地詢問引領我參觀的滕間輝：「在沒有主管人員現場引導的情況下，怎麼會如此有序呢？就像有電腦控制一樣！」

滕間輝笑著回答：「這是因為每個人的大腦中都有一台電腦！只不過都是按照公司設定好的程式自我運行和控制，員工們按部就班互相協作，整體的效率就能獲得最大限度的保障。」

除了員工的井然有序，令我驚訝的還有豐田公司的工作環境，不論是生產工廠還是辦公場所，從設備間到搬運間，包括倉儲間的牆壁都潔淨亮麗！我連連稱讚：「真是不可思議。」豐田公司給我留下了非常好的印象，以至於後來在洛杉磯開展的培訓課程中，我們決定加入大量的豐田員工的案例，並請他們的代表到美國現身說法。

滕間輝謙恭地說：「這是豐田的基本要求，規範整潔的員工和整齊潔淨的環境不僅會提高生產效率，還能大幅降低企業的損耗和浪費，這只是一項基礎工程。」

在後來的課程中，我不止一次地把在豐田公司的參觀經歷講述給研討班的同事和學員，這也使我更加深刻地體會到：營造良好的工作環境，不是靠制定多少規章制度，找幾個認真的清潔人員，對員工有多麼強的約束以及添加多少套舒適的設備就夠了。更大程度上，我們缺乏的是一套先進的管理理念和管理方法。甚至說，全世界的企業都普遍缺乏一種辦公室的「整潔文化」。

豐田公司為何能做到那種程度？就是因為整潔已經成為他們的一種企業習俗，一種養成良久的行動素養，一種人人共知並且堅決遵守的企業文化。

當然，其他國家的企業要從根本上學習日本這種企業文化並不容易，習慣不是一天養成的，意識也不是一天就能種植的。這要充分依靠身處於同一工作場所的所有人員——包括企業的管理者，首先要讓自己意識到工作環境對工作效率的影響有多大，同時人人嚴於律己，從上到下都要有「整潔」意識，把自律精神和整齊的行為模式根植於習慣中，而不是只停留在口頭說說。只有這樣，你和員工才會珍惜大家共同努力營造的環境，把這個好的習慣更長久地保持和傳承下去。

◼ 獲得「高效環境」的三項基本原則

時間管理原則：保證工作效率。

我們每天都在強調工作效率，並期望所有的工作都能在規定的時間內保質保量地完成，最好是能夠提前超額完成。但現實情況是，大多數企業，只有一半的員工能夠按時完成工作，大多人都在抱怨聲中進行被迫的「加班」活動。這都要歸咎於工作超額？工作量太大？並非完全如此。

我的同事曾經在美國的幾個大型城市做過一次客觀而且有效的調查，大多數公司管理者認為分配給員工的工作只占據工作時長的 70%～80%，但員工卻常常在下班之前完不成，還抱怨分配

做有價值的事　CHAPTER 7

給他們的工作任務太多了。這著實令管理者感到煩惱，到底如何才能提高工作效率？

第一個原則就是進行「時間管理」。通過科學地分配時間和安排任務，保證工作效率始終在有限的時間監控中進行。

在這次調研中，有 87% 完不成工作的員工都承認自己存在「拖延」問題，而工作時間有過打遊戲、流覽網頁、和同事閒聊、網購、刷 Facebook 等行為的人則占了 90% 以上。這並不是一個可怕的數字，可以說是意料之內，我們提倡員工在工作之餘找點休閒愛好放鬆情緒，但如果這影響到了正常工作效率，恐怕就要加以控制和管理。

這就要求企業管理者拋棄放縱的心理，敏銳地行動起來。你要及時地發現那些正在試圖拖延的「懶人」，把他們揪出來加以警告，並且制定合理有效的時間管理辦法，配合績效考核加以監督，長長久久地落實下去。值得注意的是，僅僅停留在制度上而不執行的人也很多，他們知道問題，但不去解決問題，只能在會議中空談。或者是只執行了一半而不堅持到底，最後半途而廢。

管理效率提升的最大體現就是員工對時間的高效利用。換句話說，我們對時間的管理也要靈活應變，永遠以效率為第一原則。員工的效率高，企業目標就能更快地達成。換句話說，時間就是效率，效率就是競爭力。市場上任何一個能夠發展起來並不斷壯大的企業都會非常關注效率的問題，這是一個優秀管理者的首要職責——讓每一個員工持續且高效地工作。

考核管理原則：制定考核制度。

對企業家來講，員工的效率該如何用實際的手段保證呢？這就需要我們對效率進行科學和嚴密的考核。效率考核與績效考核類似，都是一種監督和保證結果的量化方法。好的考核制度會提升企業的生產效率，激勵員工在工作中不斷創新；而壞的考核制度則會引發抱怨和離職潮的高發。

國際職業經理人協會的一名管理人員鮑伯說：「任何一家想要生產高效的公司，都要有一份效率考核方案並且毫不動搖地執行，而且，還需要對效率考核的結果進行評估。如果你發現員工的效率不高，那麼多數情況下一定是效率考核制度出了問題。你需要對考核方案重新進行修改，直到員工開始『高效生產』為止。」

這幾年我對比過眾多中國和美國的知名企業，經過研究發現，中國實行業績考核的公司到處都是，但實行效率考核的企業卻少之又少，而美國企業則普遍擁有自己的效率考核管理法。所以結果是顯而易見的，由於效率考核的優勢，美國企業的效率明顯高於中國企業，反映到結果中來，就是利潤的巨大差異。令人欣慰的是，近幾年來中國很多企業也逐漸意識到效率考核的重要性。比如，這兩年參加我們課程的很多公司，它們的管理者都正在嘗試明確提出符合自身需要的效率考核制度。

每一家企業都應視具體情況的不同而做出針對性的考核方案。通常，一份完整的效率考核方案應該包含以下的幾方面：

工作任務設定——你需要明確不同職務的每名員工要負責的工作，要完成的具體任務；

規章制度設定——你要明確規定員工要遵守的規章制度和施行條例；

結果要求設定——你要告訴員工做什麼工作，要達到什麼效果；

工作技能設定——你要規定員工應當具備哪些專業知識、技能、素養；

投訴監督設定——如果有人影響了企業的效率，破壞了工作環境，必須有專門的地方可以投訴；

低效懲罰設定——高效的工作會在業績上得到獎勵，但低效的工作要從過程中就開始懲罰。

我們制定的任何考核制度都需要員工切實領會並執行，這是一個全員參與、改造和控制的過程，只要堅持執行下去，得到提升的將不僅是個人效率，而是整個團隊和整個企業。

團隊決策原則：召開高效會議。

如果說高效工作是對於企業雇員最基本的效率要求，那麼高效會議則更多是對於管理者的效率要求。高效的會議可以為組織的運行節省很大一部分時間，從而把我們更多的時間用到重點工作和對執行的監督中去。

有一家外企公司剛剛換了新的主管，於是很多員工都表示：再也不用害怕上司的那句「我再多說兩句」了——老上司在開會

時就像迷戀糖果的孩子，講起來沒完沒了。這位新來的美籍主管從來不會占用下班時間開會，小會不超過 10 分鐘，大會也頂多半小時。但奇怪的是，開會的時間短了，人們在會上的發言反而多了，決策效率也得到了提高。

銷售部門的克琳娜說：「我很喜歡現在的主管，開會時間短，條理清晰，目標明確，他不跟你繞彎子，會議前他的助理會把需要討論的主題和要解決的問題提前告知，我們每個人都要預先深思熟慮。這樣，在開會的時候每個人集思廣益，想法和思路不斷碰撞，很容易就產生出一種新的辦法，而且從不跑題。我覺得這樣的會議才有意義，效率也更高，我也有更多時間來修改自己的行銷計畫。」

不管在國企還是外企，任何沒有效率的會議都是不必要的，低效意味著時間占用和資源浪費，與其把時間花費在沒有目標和方向的討論上，不如向這家外企的新任主管學習高效地開會。摒棄無用的開場白，明確會議議題，直接進入討論，主管人員要提前對所需召開的會議做一些安排計畫。比如每日的例會，員工要彙報完成了哪些工作，哪些工作遇到了困難，陳述也要講究方式方法、語言邏輯，不要模模糊糊詞不達意。

例如：我今天拜訪了十個客戶，兩個有意向，兩個在考慮，其他直接從目標中剔除，我會盡力讓有意向的客戶確定，讓在考慮的客戶儘早確定；而不是我今天拜訪了一些客戶，有意向的不多，收穫不是很大，還有一些我也不太確定。

做有價值的事　CHAPTER 7

除了每日例會，每周的周會、月會、季度會、年會等一些會議都需要管理者提前做好會議議程，內容應包含接下來的工作計畫、執行方法、階段目標、回饋路徑等，而且要有詳細的會議紀要出來，做好會議紀錄備案。這樣，我們的工作決策與執行才會有條不紊，即使計畫有變也不影響進度，以確保在高效的工作中收到計畫的效果。

習慣思維：
好習慣產生高效率

ASTD的一位專家儒西雷斯和我是多年的朋友，他曾經長期擔任華為美國公司的公關顧問，並參與過為當地公司員工進行的職業培訓。在談到習慣的影響時他說：「總是那些看起來很不起眼的習慣在決定人的命運。我的意思是優秀的人會下意識地去做優秀的事，失敗者則下意識地去做令自己失敗的事。」高效率地做事也需要一種可以「生產高效率」的習慣，但這種習慣養成不是有強烈的意願就可以做到的，它需要長期的高強度的練習，並要形成滲入本能的思維反應模式。

一種好的「習慣思維」是高效思考的行為機制，它在我們的頭腦中包括了五個處理步驟。

■ 詢問的習慣

「嘿，到底發生了什麼事？」你要習慣於向人們詢問，請求獲知資訊。儒西雷斯說：「哪怕高高在上的思科的董事長，或者是奇異公司的首席執行官，他們遇到令自己困惑的事情時也要馬上開口，第一時間問清問題，才有機會迅速解決問題。」不幸的是，我們見到了太多喜歡沉默和回避問題的人，他們總是背著疑問前行，從不對它們的原因探究清楚。

詢問的目的是嚴謹地分析當前的情勢，給自己一個思考的動機和開端，避免不做任何分析就假設自己已經得知了一切狀況。只有問清了問題，我們才能提出可行的構想以及務實的解決方案。但在此之前，你要辨認潛在的麻煩、具體的錯誤和面臨的挑戰；你必須小心謹慎，多寫下幾個問號，防止陷入別人已經在重複的錯誤中。

■ 先定義事情

事情到底是什麼？或者說：「外面發生了什麼是我不知道的？」是市場崩盤了，還是價格在「暫時波動」？事情的全部細節是你要搞清的，而不是一個人坐在辦公室，命令下屬去處理。

定義事情的發生過程，可以幫助我們清晰地辨認出可以測量

做有價值的事　CHAPTER 7

的「指標」，然後把事情量化，比如統計資料，看到趨勢或制定指標等。它能協助我們定義這件事情是成功還是失敗了，是需要修補，還是必須從頭再來。同時，你也能從中看到自己到底在追求什麼，目標是對還是錯。

■ 探尋問題的本質

沒有人可以逃避已經發生的問題，唯一的面對方式只有提高解決問題的速度，用高效的應對去查明真正的問題。因此，你要想到「本質」這個詞語，而不是「現象」。透過種種擾亂心神的表象，探尋問題的本質，挖掘它的根源。比如，「我必須獲得的解決問題的條件是什麼？」回答這一問題，就是走向理想解決方案的過程。

■ 列出所有方案

為了一次性解決問題──這是最高效的習慣，你得簡潔地列出所有可能的解決方案，任何可能性都不放過。並不是說你要在一開始就找到那把鑰匙，而是告訴你：列出一份所有的可能解決問題的方案是這個階段優先的工作。每一個構想（不管多麼不現實）都要寫在清單上，平等地擺放到一起，供自己參考。從這些方案中，通過對比分析，你總能思考到可能性最強的那一個，制定出最佳的解決方案。

■ 羅列並組織資源

在行動之前,很多人的習慣是「迫不及待地要行動」,而不是先想一想自己準備好了沒有。科斯塔說:「祖克柏總會思考自己還缺什麼,這是一個偉大的習慣。」沒錯,你也要習慣性地想一想自己需要哪些資源,然後去把它們組織起來。

根據資源的準備情況,來修改行動計畫,將「效率損失」再降低一些。為了提高執行的速度,我們有必要以創意性的思考模式來整合資源,充分聚合一切必要的條件。因此威爾許說:「創新是效率的發動機。」高效來源於嚴密的準備和優秀的習慣,以及我們無所不在的創新思維。

第一原則:
只允許爭論半小時

為什麼不能允許「長時間的爭論」?這是我在多年的公司管理中總結出來的血的教訓——控制爭論就是在減少損失,也是對效率的極致要求。就像身為公司合夥人之一的諾亞先生說的:「爭論很必要,但不能超過 30 分鐘。」因為我們知道,把一個

CHAPTER 7 做有價值的事

問題放到公司的會議上,如果在半小時內都不能解決,那麼它在兩小時內解決的可能性也是微乎其微的。因此必須立刻停止爭論,把這個問題放到一邊,暫時先別去管它。

洛杉磯有一家公司的管理風格非常奇怪,決策層在工作和會議中經常吵架,甚至吵得面紅耳赤,爭執不休。看似每個人都充分發言,表達了看法,但整個效率是非常低的,因為他們無法定下工作計畫。有時甚至快完成的工作也會推倒重來,因為不斷有人反對某個環節。

企業也有「民主病」?這家公司充分顯示了這種局面對效率的傷害性是有多麼強大。該公司的 CEO 科勒爾後來反思說:「我們以為爭論能幫公司做出最佳決策,但失控的爭吵卻帶來了漫無止境的內耗。起初大家都本著群策群力的目的討論不同的想法,誰也不肯認輸,後來卻成了對決策權力的爭奪大戰。」

科勒爾任職三年後決定離開,他感覺處於這種決策體制下的公司無法跟變幻莫測的市場抗衡。相對於決策的分散導致的效率低下,他開始欣賞賈伯斯為蘋果公司建立的決策機制——迅速而且高效。他在發給我的一封郵件中說:「高效率決策的第一個特點就是對時間的利用,誰還在把時間浪費到會議桌的口水上,誰就是下一個失敗者。」

彼得・杜拉克為世界各國的企業提供過管理諮詢服務。當為這些企業開始工作時,他並不關心客戶在最近遇到了哪些實際的困難,而是喜歡先了解一下這些企業家做出一個決定通常需要多

長的時間,以及做出決定的方式。每當有人把會議室熱火朝天的場面告訴他時,杜拉克總是皺著眉頭說:「您要做的到底是什麼呢,是解決問題還是製造問題?」

過多的爭論就是在「製造問題」。實際上,有時最簡單的過程也是最有效率的過程,它通常是開啟「問題之門」的鑰匙。那就是避免長時間的爭論,保證決策的高效。

第二原則:
行動,而且是高效的行動

有一個小和尚跑到寺廟裡學習了一段時間之後,師父就讓其下山雲遊。但過了足足一個星期,小和尚都沒有動身的跡象。這一天,師父逮著機會就去問他:「你幾時下山?」小和尚說:「等我準備好草鞋就動身,草鞋已經在做了。」

又過了一個星期,小和尚還沒動身,師父又來問:「草鞋已做好,你幾時動身?」小和尚看著外面將雨的天氣說:「師父,這個季節恐怕會很多雨,我明天讓人做幾把傘,之後弟子就動身。」

做有價值的事　CHAPTER 7

「傘什麼時候做好？」

「一個星期。」小和尚說。

一個星期後，師父來到禪房又問小和尚：「草鞋和傘都已經做好了，你還缺什麼呢？」小和尚看著鼓鼓的行囊，正要開口卻被師父打斷了：「我看外面雨下得那麼大，你的草鞋會濕傘會破，你可能還需要一艘船對不對？這樣吧，我明天讓人去造一艘船，你一起帶著上路，然後再招一個船夫為你撐船……」未待師父說完，小和尚撲通一聲跪倒在地：「師父，弟子明白您的苦心了，弟子明日就出發，什麼行囊都不需要帶。」

小和尚這樣的舉動，我們在生活和工作中都經常碰到。心中有美好的想法，紙上寫了宏偉的計畫，可沒有轉化為現實，原因就是沒有行動。行動才是效率的核心，行動思維才是我們在應變中走向成功的保證。如果你總是只想不做，只準備不行動，那麼你的一切思考和制定好的計畫都是沒有意義的。

■ 制定合理的目標後立刻行動

「目標是否合理」確實是一個重要問題，你可以採用分解評估的方式來進行判斷。比如，把一個大目標分解成幾個小目標，然後預估這些小目標完成後的「階段性結果」。如果這些結果都沒有問題，那麼集中精力馬上行動，從完成第一個小目標開始。

你可以看看那些成功者和事業的贏家，他們都是高效的行動者——有些他們不足勝於全盤的謀劃，而是贏在行動的速度和思

考的果斷性上。他們不過是努力而且快速地完成每一個小目標，在不斷地行動中促使全域發生了質的改變。可以說，「立刻行動」是獲得高效率的基礎，不要多想，先做起來再說。目標和計畫都可以隨著你行動的開始變得更加清晰。

◼ 在行動中進行評估

正如前面所說，作為成功的方式——行動是對計畫的補充。當你決定做一件事情的時候，計畫往往不會非常完善，此時最佳的做法是在行動中進行評估，在行動中完善自己的思考。先保證效率，再調整方向。喜歡停下來思考的人經常被落在後面，他們不知道「時間就是金錢」到底指的是什麼。

◼ 行動時不要找藉口退縮

「藉口」是任何行動的天敵，也是成功者最鄙視的東西。現實中，有10%的人從來不找藉口；有25%的人曾經嘗試找藉口；有65%的人一直在找藉口（甚至閱讀本書的時候仍然試圖找到停下來休息的理由）。在行動中遭遇到了挫折，有的人會想方設法迎難而上，而有的人則會為自己尋找理由退縮。他可能會說：「這件事不像我設想的那麼美好。」或者，「我的能力沒有那麼強，因此能做到這個程度已經不錯了，我停下來不會有人指責我。」諸如此類的理由，他掩飾自身的能力不足，以其挽回面子，或者乾脆為自己找一個替罪羊，抱怨環境、指責他人等，來

做有價值的事　CHAPTER 7

平衡自己的心理。

當你遇到這種情況時，即便再困難的局面，也不要用一個「天衣無縫」的藉口讓自己停下來。你可以調整目標，降低行動的難度，但不要完全停下腳步。否則，你之前做的一切努力都將付之東流。

排列順序，專注於最重要的事情

為了降低行動的難度，提高行動的效率，你可以排列事務的緊急程度，把最重要的工作放到前面，然後專注地把它做好。這是一種典型的非常有效的方式，避免我們的思維發生跳躍──在做 A 的時候想著 B，掉頭去做 B 的時候又想到了 C。多個工作同時擺在面前，在頭腦中消耗資源，分散注意力，可能忙碌一整天卻什麼都沒做成，把時間碎片化，嚴重地降低效率。

對事情的緊急、重要程度進行排序並非簡單地按照時間要求進行排列，實踐中你需要嚴格地按照邏輯進行。比如，你要解決某一個問題，第一步並不是馬上想到一個最終的解決方案，而是先圍繞它進行資訊的收集，再執行分析步驟，胸有成竹後最終拿出一個方案。按照這個步驟思考和行動，效率以及條理性便都會得到加強。

你可以嘗試這個流程：

選擇最重要的工作──對要處理的工作做出決定，選擇每天最重要的那項事務並做出計畫：是一次性完成，還是分階段去執行？

創造利於產生效率的環境──把所有的不相關的事項放到一邊，讓自己心無雜念。必要時可以關閉手機、斷掉網路，清理辦公桌，保持辦公環境的整潔。

安排及規定時間──為此次工作規定一個時間，最好設置一個計時器，用時間約束自己，比如「2小時內必須完成多少工作」。時間的安排需要合情合理，不能超出自己的能力範圍。

保證沒有干擾──必須保證沒有外界因素的干擾。但如果你在工作中遇到了意外，如何處理新的資訊和新的任務？你可以馬上把這些「新資訊」和「新任務」放到一個約定好的地方（資料夾），然後繼續自己的工作。除非另有更緊急的事項，否則不要將寶貴的精力轉移到這些新的資訊和任務中。

調整好狀態並且馬上開始──為此次工作調整狀態，比如深呼吸、進行必要的運動、聽聽音樂、喝杯咖啡等。你可以默念10到20個數，然後告訴自己：「OK，我準備好了！」隨後集中注意力，不要猶豫，立刻開始你的工作，並努力維持這個狀態較長的時間。

做有價值的事　CHAPTER 7

第三原則：
結果永遠是第一位的

有一個農民辛辛苦苦地種了一年的西瓜，期間的辛酸就不用提了，總之付出無數艱辛總算到了收穫的季節，卻被突如其來的冰雹一夜之間砸得顆粒無收。農民坐地哀號，滿地的碎西瓜令他心痛得幾乎昏厥過去。這是悲慘的一幕。正當他傷心的時候，他的老伴卻發現了一個倖存的西瓜。

農民大喜，立刻抱著這個「幸運西瓜」上了集市。走過路過的人紛紛議論這個西瓜，原來這個農民給這個西瓜的標價高達2,000元。這時，賣西瓜的同行抱著自己的西瓜跑來，和他那個西瓜擺在一起對比，問他：「你覺得我這西瓜跟你這西瓜比，怎麼樣呢？」老農說：「你的西瓜很好，比我的差不了多少。」「那你知道我的西瓜多少錢嗎？」老農搖搖頭。「只要5元一斤。現在你告訴大家，你的西瓜既然和我的沒什麼不同，為什麼你要賣2,000元？」

老農生氣地說：「你的西瓜大豐收了，當然賣得便宜，我的西瓜挨了冰雹，其他西瓜都被砸了，只有這一個好的，它是個幸運西瓜，當然值這麼多錢。而且我辛苦了整整一年，不賣2,000元我的損失誰來賠？」

這個故事的結局我們都清楚，農民的這個「幸運西瓜」是賣不掉的。值得汲取的教訓是他的這種心理——因為自己付出很多，所以要求結果必須符合自己的預期。但在現實中呢？有沒有這種幸運的「好事」呢？很顯然是沒有的。我們不管做什麼，都必須拿業績來說話，否則你一定會像這位農民一樣，辛苦很多卻毫無收穫。

因為這個世界是不相信「辛苦」的，它只認結果。就像很多倒閉的企業，不是它的老闆不努力，也不是它的管理人員沒有才華，而是他們無法交出理想的答卷。結果是殘酷的，但它非常公正，是最能體現行動效率的標準。

■ 沒有結果，行動無意義

亞特蘭大有一家公司，老闆克林與我的機構有過數月的合作。克林會在公司定期開月會，每開完一次月會，他都會提出一些改善的措施或者制定需要各部門跟進協調的工作。他自己日理萬機，是不會跟進、督促這些工作的，最後完成得如何，需要部門主管和相關的負責員工來保證。但是克林發現，無論多麼容易執行的計畫，統統沒有了下文。

他親自過問時，下邊的人就有各種各樣的理由。總之就這樣不斷地積累問題，直到有一個客戶忍無可忍，自己給克林打電話，說：「你們公司答應兩個月前發給我的一批貨，現在都還沒到。」克林親自到公司督促採購人員，才把貨物採購到位。這說

做有價值的事　CHAPTER 7

明公司的執行效率已到了非常低下的程度。事後,克林把幾個責任部門的主管叫過來:「你們是沒用的人才,我要換人了。」他馬上換了一批人來接替這幾個人的職位,然後局面立刻得到了改變。

為什麼這些人會被解雇?老闆要求的是行動的結果,而不是他們付出多少行動。雖然他們辯解自己也很辛苦,但「辛苦」對企業來說沒有任何價值,市場也不會對你有絲毫的同情。

杜拉克說:「管理是一種實踐的行為,它的本質不在於『知』,而在於『行』,其驗證不在於邏輯,而在於它的成果。」就是說,任何事情(包括企業的管理和經營)的成功與否,都是用結果來說話。

所以,在對執行效率的管理中,精明的企業家不會把重心放到討論失敗的原因上,而是建立責任與權力對應的管理體制,用來保證行動的結果是可控的。當你開始行動時,就要意識到這個基本的原則:你有一萬個理由都不重要,重要的是結果。高效的本質就是「對結果的快速實現」。

■ 保證結果是你想要的

實現結果的保障是我們要制定明確的目標,並遵循可靠的「目標管理」:我需要幾步才能實現目標?每一步都需要我做什麼?你最好能將這個目標擬訂成書面計畫,作為自己對工作的承諾,然後嚴格地要求自己。這樣的做法會讓你看到距離成功「還

有多少時間」，以及自己後面需要做的事情。

　　最後，不要被你的「主觀判定」擋住實現目標的道路。「主觀判定」是什麼？就是傳統觀念和慣性思維。比如有一位企業家愁眉苦臉地告訴我說有一件產品囤壓在港口不能及時供貨，商場那邊要他退款，他不知如何是好。我就問他電話聯繫過港口管理方沒有，有沒有商量過特殊的方法，他直接回答：「沒有，就算聯繫了，恐怕也沒用。」你看，這就是「主觀判定」，他自己擋住了前進的道路，自然就很難獲得計畫中的結果。

CHAPTER 8

多一點
危機意識

用 90% 的時間來考慮失敗

如何避免公司深陷險境

危機的倒逼力量

時刻準備過冬

「破產」隨時可能發生，你做好破產後的準備了嗎？多數人並不知道如何才能應對危機，他們經常被安全的假象蒙蔽。頂級思維要求你學會制定危機計畫，告別「小富即安」；想到最壞的情況，為可能發生的困境做好一切準備；「末日管理」法和創新密不可分，那麼創新的原則是什麼？

頂│級│思│維

破產恐懼症：
我明天就會破產

華盛頓有一家公司的 CEO 保羅對我說：「我每天晚上都做惡夢，夢見自己的企業不可挽救地垮掉了。那場景太慘了，上千名員工失業，銀行上門討債，客戶退貨，到處都是飛舞的紙屑，公司的設備全讓人搬走了。所以我第二天早晨起來，總是精神抖擻，動力十足，因為我要避免夢中的局面在現實中出現。」

保羅是一位患有「破產恐懼症」的企業家，因此這些年來他的公司始終保持高昂的鬥志，業績節節攀升，總能度過市場的危機。這便是危機意識帶來的好處。企業要想不斷地穩步發展，就必須在內部樹立強烈的危機意識——危機遲早都會來，而且不可避免，所以每天都是我們最好的機會。

沒有危機意識你會怎麼樣？喪失對未來的悲觀預測，活在過去的輝煌之中，時間一長你的思維就會鈍化，丟掉銳氣。那麼當市場的危機真的發生時，你將完全沒有抵抗能力。就像保羅的一位朋友，他開了一家「存在時間不超過三個月」的公司，第一筆業務就賺到了 200 萬美元。然而，就在他得意慶祝的時候，公司迅速在第二筆業務上損失了 450 萬美元，馬上就陷入破產的困境，而他對此完全沒有心理準備。

多一點危機意識　CHAPTER 8

危機感是一種健康的心理狀態，凡是有長遠眼光的企業家，都很擅長為自己「設想逆境」，演練逆境中的應對策略。他們在順境中始終保持憂患意識，既恐懼破產，又能勇敢地面對可能發生的一切危險。只有這樣才能使自己堅持不懈地努力，做到有備無患。

■ 用90%的時間來考慮失敗

李嘉誠說：「我有90%的時間都在考慮失敗的問題。我設想什麼時候失敗，以什麼方式失敗，還有失敗後的困境。然後，我再考慮如何應對這些不同的問題。」作為長實集團的創始人和董事長，雖然已擁有強大的資金實力和抵禦風險的能力，幾乎沒有什麼風波可以撼動他的企業，但他仍然不停地研究每一個項目要面對的「壞情況」，並制定應對的方針。

這就像我們駕駛一艘船隻遠洋航行，在風和日麗的時候就要設想到萬一發生的種種情況——刮起颱風了如何應對？下起暴雨怎樣保護船的安全？能不能順利返航？基於這些設計，去加固船隻，保證航行一切順利。

做生意就像買股票一樣，在還沒有買進來時，就要先想到怎麼賣出去，在哪個價位點把它賣掉，萬一價格始終不漲怎麼辦？成功是不用設想的，因為成功的結果很簡單。但失敗卻不能不事先計畫，因為失敗有無數種方式——總有一種方式是你沒有料到的。即便有一種微小的可能性沒有想到，一旦發生便可能帶來巨大的損失。

頂│級│思│維

■ 現金流思維：保證安全的底線

有一家位於波士頓的公司，它的總裁向我請教風險的問題，我對他說：「現金流是第一個風險，也是最基礎的風險。你一定要保證企業的現金流，因為它是我們安全的底線。」這是我的忠告，儘管我清楚，以他的性格，很可能把這句話當作耳邊風，不會聽進去。因為他是一個特別喜歡使用融資槓桿進行冒險性投資的人。據他自己講，他的公司最少時帳上只有 12 萬美元的現金。這意味著市場上一丁點風吹草動，就可能對他構成致命的打擊。

不為自己考慮退路，等危機發生時就可能沒有一點退路。尤其是當你經營管理一家較大的企業時，你一定要意識到企業的支出是一個龐大的數字，需要有充足的現金儲備。比如，萬一未來的 12 個月沒有任何收入怎麼辦呢？企業馬上會面臨巨額的現金支出壓力。因此，審慎對待現金風險的態度非常重要，未來一段時間內所需的全部現金應該預先準備。

平衡風險的前提，是你清楚地知道自己的能力。在做一件事之前，就要先計算自己的能力值——大體給出一個範圍：「我能承受多大的損失？」考量到自己的能力才能平衡風險，也才能有效地抵禦風險。世上沒有什麼常勝將軍，必須在風平浪靜時就把未來計畫清楚，研究可能出現的意外，制定解決方法。

想不破產，你就要做好破產的準備。為什麼這麼講？因為許多破產的企業都是在春風得意時倒下的。有些億萬富豪在一夜間

多一點危機意識 CHAPTER 8

就變成了窮光蛋,就是因為對破產的準備不足,一旦發生嚴重的問題,完全沒有時間應對,甚至從心理上接受不了。可以說,要想避免破產,就必須做好「明天就會破產」的各項準備,制定應對危機的方案,包括儲備足夠的現金。在這個基礎上,再去量力而行,用務實的行動平衡風險。危機當然不是我們停滯不前的藉口,但必須作為我們防患於未然的動力,增強自身抵禦風險的能力。

居安思危
是一種精英心態

柳傳志曾說:「你只要一打盹,對手的機會馬上就來了。」聯想集團有一種「虎視眈眈」的思維,從來不給對手任何可能趕超的機會。張瑞敏說:「一家偉大的企業,對待成就永遠都要戰戰兢兢,如履薄冰。」因此海爾集團始終謹慎對待未來,避免任何可能的風險。李彥宏說:「百度離破產只有 30 天。」當所有人都看好搜索市場時,百度意識到了競爭的加劇,他們知道如不能及時調整戰略來把握需求的變化,即便「強如百度」也可能被

市場淘汰。在這些優秀人物的潛意識中，永遠有一種危機感在蠢蠢欲動，他們可以看到繁榮背後的潛在危機。

■ 你想成為下一個諾基亞嗎

提起手機，很多人想到的第一個手機品牌大概都是諾基亞。作為曾經的手機行業巨頭，諾基亞從 1996 年開始就雄踞市場份額第一位，並且一占就是 14 年，這種無法取代的市場壟斷地位曾一度讓其他各大品牌手機紛紛銷聲匿跡。直到 2011 年，智能手機崛起，面對新作業系統的誕生，諾基亞卻突然變得就像一個耄耋老人，固守著陳舊古老的想法轟然摔倒於街市之中，取而代之的是冉冉升起的新星——蘋果和三星。

可以說，諾基亞的危機正是隨著智慧化的到來而出現的，連續多年的傲視姿態讓諾基亞沉溺其中，絲毫沒有察覺其他競爭者的追趕和創新，甚至於它對市場的新變化秉持了一種「視而不見」的麻木態度。直到巨浪襲來，這位心態高傲的芬蘭巨人仍然在昏昏沉睡。

其實，諾基亞早在 2007 年就該醒來。因為就在同年的 1 月 9 日，賈伯斯帶領自己的團隊發布了一款足以改變世界的新手機——iPhone，並且研發出了蘋果手機獨特的 iOS 系統；也是同年的 11 月，搜索巨擘 Google 也突然改變了市場戰略，大開資源大門，與高達 80 多家軟體和硬體製造商合作，並聯手電信運營商共同研發了一種相容性更強的系統，自此安卓系統問世，除蘋

多一點危機意識 CHAPTER 8

果外的各大手機終端廠商紛紛投入安卓系統的懷抱。

2008 年,諾基亞繼續在自己締造的「輝煌帝國」中慶賀,因為新發布的諾基亞手機依舊在市場中賺得盆滿缽滿。但此時,諾基亞在手機終端市場的份額已經開始出現異動,下滑趨勢悄然而至。與此同時,Google 與 HTC 共同研發的第一款安卓手機 G1 發布,一個全新的時代到來,智慧革新的格局正在以迅雷不及掩耳之勢改變世界。

新潮流如熱浪般撲面而來,再昏昏欲睡的人也該在此時覺醒,何況是領跑 14 年的商業巨人,但可惜的是,諾基亞仍然沒有產生任何危機感,甚至對觸屏時代的發展嗤之以鼻,諾基亞繼續按照自己的想法我行我素,直到 2008 年年底,才小打小鬧地嘗試推出了一款智慧手機 5800,但其系統仍然是舊時代的 S60 V5。在 iOS 和 Android 系統的面前,諾基亞顯然已經 out(過時)了。

在之後的三年裡,iOS 和 Android 齊頭並進,各自在自己的領域裡不斷改進創新,其系統的不斷發布越來越貼合用戶的體驗和需求,尤其是蘋果,憑藉出眾的設計、人性化的客戶體驗以及賈伯斯「教父」般的影響力,僅僅用了幾年時間就成功橫掃全球;而安卓系統也因為其開放相容的特點吸引了全球無數加盟廠商。

到 2011 年,智慧手機遍地開花,諾基亞被三星和蘋果徹底擠出市場,2012 年三星成功躋身前列,成了全球手機廠商新的 NO.1。此時的諾基亞終於幡然醒悟。但這一切似乎太遲了,一代

巨人諾基亞開始感覺無所適從，從佼佼者變成追趕者的角色變化也令其既不甘心又後悔不已。

其實，諾基亞在 2010 年的時候有一次可以翻身的機會，因為它聯合英特爾推出了一種新的系統 MeeGo，次年又推出了一款很有趣的手機 N9，這款手機一經投放市場，立刻受到好評，但可惜的是，僅僅維繫了三個月，諾基亞卻突然宣布放棄 MeeGo。自此，諾基亞帝國開始倒塌，公司的市值每天都在縮水。在 14 年的霸主期間裡，諾基亞的市值最高曾達到了 3,000 多億美元。到最後，諾基亞像個癌症晚期的病人，瘦得只剩皮包骨頭，市值一路狂跌到 100 億美元不到。到了 2014 年，諾基亞變賣家產，將設備和服務業務賣給了微軟公司，微軟以「微軟 Lumia」作為新的品牌名稱替代了諾基亞。自此，諾基亞正式從電子行業謝幕。

對全球的企業家而言，諾基亞的失敗具有很高的警示意義，很明顯它缺乏居安思危的意識，沉迷於往日的成就和風光，完全不具備長遠的警覺力，所以才會在那麼短的時間內輸得一敗塗地。

我所強調的頂級思維，就是時刻具備一種對危機的「警覺力」，一旦發現情況不對，立刻制定有效的戰略決策。永遠比他人「更早地醒來」，永遠比他人「快一步行動」。

■ 假設 3 個月後成就全部消失

比爾・蓋茨「哀嘆」說：「微軟離破產永遠只有 18 個

多一點危機意識 CHAPTER 8

月。」這是危言聳聽嗎?不,這是他對微軟,也是對自己的警告,更是他對於互聯網時代新競爭常態的透徹認識,如果沒有清醒的頭腦,根本意識不到這種深刻而悄然的變革。

也許你會覺得商場競爭太過殘酷,但正如諾基亞的狼狽謝幕,這個世界根本不會停下來等你,更沒有人關注你的自尊心,你只有拿出成績才會贏得別人對你的「感受」的關注。

不要再傻乎乎地以為自己「不會失敗」──世界這麼大,你知道到底有多少競爭者在努力奔跑嗎?你不會永遠成功,但你可以讓自己不至於如此輕易地失敗,你要保持清醒和明智,在該行動的時候毅然決然,這樣才會擁有更寬廣的視野和不退化的思考力,在日新月異的競爭大潮中進退自如。

大多數人都在以不屑的態度樂觀談論未來兩年裡可能發生的變化,甚至包括很多大佬級別的人物。我聽到過無數類似的聲音:

「一年或兩年,能有什麼變化?」

「十年?你想得太遠了吧!」

在他們看來,就好像一兩年可以不負責任地虛度,五年或十年的時光與自己無關一樣。比這更可笑的是自認為所有人都同你一樣短視,於是一年兩年過後,你並未察覺新的競爭者有明顯的變化,並認為膽小者在杞人憂天危言聳聽,於是變得更加自大和高枕無憂起來。等到更多的「兩年」過後,你一覺醒來忽然發現變天了,外面的世界一夜之間面目全非,此時你除了空嘆「是世

界變化太快,還是我太過麻木」之外,剩下的恐怕只有一窪泥潭了。

■ 主動迎接挑戰

主動迎接挑戰,就是要在挑戰尚未發生時就做好準備,在問題還沒出現時就把它解決。也就是說——你要懂得如何讓問題在未產生的時候就「流產」。

公司剛成立後的 6 個月內,我當時做得最多的工作就是羅列問題:公司的,個人的。然後計算風險指數,準備應對方案。合夥人對此感到不可思議,說:「我們的事業蒸蒸日上,每天接不完的客戶電話,為何這麼折磨自己?」我說:「這不是折磨,而是解決公司未來的危機。」

所有的問題都是挑戰,包括沒有發生的,關鍵看你怎麼應對。有的人會躲起來,裝作看不見隱患:「反正還沒發生,我何必自尋煩惱?」有的人則主動走上前,提前跟問題握手:「嗨,你好,我怎麼做你才能離開?」你必須擁有後面的這種心態,用積極主動的態度對待未來的隱患。提前設計好方案,才能把它掐滅在萌芽狀態。

多一點危機意識 CHAPTER 8

用危機倒逼創新，
用創新贏得生機

　　騰訊公司的首席執行官馬化騰說：「凡是有志於長遠發展的企業都會正視危機，而且都會立刻開始對公司的計畫進行調整，並且尋求在市場中利用危機的機會。只有這樣，我們才能在危機到來前贏得生機，獲得比過去更大的發展機會。」

■ 利用危機的倒逼力量

　　1997 年 7 月 2 日，一場席捲整個亞洲的金融風暴從泰銖的貶值開始強力來襲，緊接著，東南亞的金融市場一片狼藉，強風過境，日、韓、馬來西亞、印度、中國等市場均未逃脫這場風暴。韓國在這場金融災難後受挫嚴重，為了不再重蹈覆轍，韓國決定要以「科技立國」。韓國三星第一個痛定思痛，狠心賣掉了十個非核心事業部，開始將精力全面投入到數位技術產品的自主研發中。經過幾年的潛心創造，三星重拳出擊，一舉打敗了曾一度霸占電子數碼產品市場的日本索尼，成為 2003 年之後全球增長最快的企業。

　　三星的成功不是個例，世界上眾多從困境逆襲的成功企業都在借助危機的倒逼力量將自己推向創新。日本在 1973 年經歷了

嚴重的石油危機，當時石油輸出國組織宣布原油要大幅減產提價，價格從 1974 年開始一路狂飆，截至 1979 年，原油價格已經從最初的每桶 3.11 美元暴漲到 40 美元，這對於基本全部依賴進口的日本來說簡直是滅頂的打擊，日本企業的發展腳步因此戴上了沉重的枷鎖。

這是日本戰後面臨的最大一次危機，日本政府在最初的時候甚至茫然失措。被逼到絕境的日本很快意識到了變革的緊迫，在能源危機的倒逼下，不得不開啟節能模式，比如限制汽車對汽油的使用。正是在這樣的時代背景下，日本迎來了國內高科技發展的黃金時期。

危機的正面意義：推動企業突破舊體制。 對於經濟發展來講，危機並非絕對的貶義詞，而是有著兩面性的影響力。危機利用得好，不僅不會衝擊原有的經濟態勢，反而會形成一種充滿刺激的「倒逼」力量，迫使企業踢掉舊體制的「破襪子」，創造出新的發展路徑。

利用危機倒逼改革：推動企業的新一輪創新。 沒有危機就沒有創新，沒有創新也就看不到機遇。把危機拆分來看，「危險」與「機會」並存，只要能夠清醒認識並果斷做出戰略改革，危機的倒逼力量就會幫助企業擺脫「倒閉」的危險，迎頭走上一條改革創新的發展之路。

美國無線電公司的轉型就是一個很好的例子，在 20 世紀的經濟大蕭條後，美國無線電公司的股價大幅下跌，公司的發展受

多一點危機意識 CHAPTER **8**

到了前所未有的重創,在其他公司舉棋不定之時,這家從 20 世紀 30 年代一步步發展起來的高科技公司不得不轉變發展戰略,把創新的目光從無線電市場轉向了新生的電視機市場,這一舉措成效顯著,1934 年,這家公司便從大蕭條的陰影中走了出來,並成為引領各項高新技術的先驅。

同樣用危機倒逼成功的企業還有杜邦,在 20 世紀 30 年代,美國所有的企業都在經歷周期性經濟波動的考驗,這使得各大企業不得不放慢甚至停下投資的腳步,認真考慮創新需要付出的代價以及能夠帶來的回報。但杜邦公司卻在產品價格和銷售額大幅下滑的情況下加大了研發投入,到 1937 年的時候,這家總部位於德拉瓦州的公司的研發創新收到了巨大的利潤回報,此時,氯丁橡膠因為其更好的物理機械性能已經成為美國製造業不可替代的材料部件。

■ 用創新化危險為機遇

2014 年 4 月 8 日,作為世界 PC 軟體發展先導的微軟忽然宣告:從今天起,我們將停止對 Windows XP 系統的服務支援,自此之後,將只繼續對 Win7、Win8 等系統推送新的漏洞更新。消息一出,立刻引發了 XP 系統使用者的巨大恐慌,沒有更新可用?這意味著他們的電腦將從此刻起處於「不被保護」的狀態,等於向全世界的駭客昭告:「你們胡作非為的時代到來了。」

正是在這個時候,360 看到了危險之下的機遇,既然微軟拋

棄了 XP 用戶，那 360 是否能夠「扛起救萬民於水火的大旗」，為用戶做出一種貼心的「盾甲保護」方案呢？為此，360 專門成立了 XP 服務團隊，成功趕在微軟對 XP 停止服務之前拿出了自己的方案：360XP 盾甲，一個專門為 XP 系統加固、保護、隔離、更新的防禦產品誕生了。

面對這次微軟對 XP 的停止服務，360 在應對使用者需求快速變化的挑戰中先於任何一家互聯網安全技術公司，成功地搶占了千萬用戶的「信賴」，不得不說，這是一次成功的危機倒逼創新的案例。

讓生存的壓力變成創新的動力。危機倒逼其實就是一種由存亡壓力向創新動力轉化的助推機制，是一種「不進則退、不變則亡」的單向選擇題。企業只有不斷地創新，才能走向成功。美籍奧地利經濟學家熊彼得就曾提出這一觀點，一個創意的出現會引發眾多的模仿，而模仿的普及則會引發新一輪的創新，經濟就是在這樣的刺激下保持不斷增長。

讓創新的果實催生出創新的觀念。創新應該像種子一樣，深深地植入企業的發展觀念，最終在企業內部形成一種自主創新的文化。比如，中國的航太集團，就因為很多高新技術無法引進，不得不放棄長期對國外技術依賴的「拐杖」，在技術急待突破攻關的情況下，沒有其他路可走，只能逼自己一把，自力更生自主研發，但正是這樣的倒逼使如今的航太集團養成了自主創新的意識。

多一點危機意識 CHAPTER 8

在當前新的經濟背景下，所有企業都要尋求創新，轉變陳舊的機制和觀念，在企業文化中培養自主創新、不斷創新、主動迎接挑戰的習慣。只有勇敢面對挑戰，在危機中倒逼創新，在創新中把握機遇，才能使企業長期處於不敗之地，在競爭大潮中永遠屹立不倒。

「末日管理」法

「末日管理」是中國的小天鵝集團在過去實施的一種獨特的風險管理戰略，以一種對未來的「高度悲觀」展開了對企業自身的危機意識改造，並借此提升了應對市場波動的能力。從而迅速擴張企業的經營，短短兩年時間，就使企業的利潤提升了將近200%。

這充分表明，管理者應該以強烈的「危機感」警示公司的每一名成員，面對競爭，理解競爭，時刻做好末日到來的準備。這一思維的實質是——理解和接受所有的企業都有末日的事實，也要明白所有的產品都有終結的那一天。有了這個心理準備，企業

上下就不會陶醉在過去的輝煌和今天的成績中,而是為未來的危機做足準備,提前制定應對策略。

第一,昨天的成功並不意味著今天的成功。有許多過去輝煌的企業今天已經消失在歷史的長河中,它們的管理者沒有想到「末日」的來臨,於是不知不覺間就走向了自己的末日。

第二,企業最好的時候往往是最不好的開始。就是說,越是市場一片大好,往往意味著未來的市場會走向下坡。因為沒有永遠不變的市場,當你經營得順風順水時,市場的波動也就開始了,此時就必須做好準備,通過變革與競爭讓企業更加強大,安全地度過可能發生的危機。

■ 尋找差距,學習他人長處

為了防止末日的到來,企業必須與世界上最好的品牌相比較,找出差距,然後進行追趕。這意味著管理者不能只盯著身後的追趕者,還要緊盯前面的領先者。你要把公司的每一項品質指標、經營指標、生產效率都同世界第一流企業的各項參數進行對比,從而形成一種內部的動力與外部的壓力相結合的經營思路,使企業的眼光與行為模式充滿活力與生機,始終處於追趕狀態,而不是只跟那些較差的對手進行比較。

■ 向市場要光明:不能坐以待斃

提前考慮到市場的變數,決策者要把自己的目光緊緊瞄準市

多一點危機意識　CHAPTER 8

場,不斷挖掘市場的潛力,爭取擴大份額,而不是自我滿足或者在得意中停下腳步。比如,小天鵝集團的國內市場占有率曾經達到了驚人的42％,這是一個很高的比例,足以讓人高枕無憂,但管理層仍然清醒地意識到,市場的競爭越來越激烈。所以,管理層最終做出的判斷是──如果不能實現創新,向市場深處挖掘,那麼末日必然來臨。

■ 擺正心態：得意忘形等於滅亡

如何擺正心態？就是在競爭處於優勢時,多以己之短比人之長,看到自身的不足之處,防止得意忘形。就是說,你要把危機放到自己的正前方,警惕自己打倒自己。有些企業家成功以後,就安居現狀,不求上進,也不再創新,反而以自己成功的模式到處宣揚,滿足於既有的成功,對未來失去了最基本的應變能力。更重要的是,企業管理者的心態迅速膨脹,這時危機就會慢慢產生,直到企業變成一隻「溫水青蛙」,變得麻木大意,最後被對手超越,被市場淘汰。

■ 儲備人才：人是解決危機的基礎

人才是應對危機的第一資源,也是企業最重要的財富。去不斷儲備有用的人才,培訓和尋找卓越的骨幹員工,是企業管理者首要的工作。同時,企業過去和未來的信譽也是由人來創造的,那些偉大的公司之所以能持續地保持領先者的地位,在於這些公

司的創始人和歷任 CEO 們對優秀人才的重視——他們可以不間斷地啟用有市場競爭意識和有決策能力的後備人才，使公司的智力庫逐漸強大，對於危機的預防與抵禦能力也越來越強。

華為的「冬天」

不管華為的發展勢頭如何「兇猛」——在全球範圍內向思科帝國發起強力的衝擊，已成為當之無愧的世界第二大電信科技公司，任正非始終堅持他說了無數遍的觀點：「華為總會有冬天的，提前準備好棉衣，比不準備要好。我們該如何應對必將到來的冬天？這一問題已經討論了無數遍，而且永遠不會停止討論！」

在春天時你要提前想到冬天，時刻準備應對「寒冬」。這就是任正非的危機意識。他認為華為的冬天會更冷，因為他覺得，華為公司在那些老牌的「科技帝國」面前還顯得太嫩，經驗不足，沒有經歷過挫折和磨難。這是最大的弱點，很可能導致企業的全體員工都沒有做好心理準備，所以他要不斷地強調「冬天就

多一點危機意識　CHAPTER 8

要來了」。

從任正非的觀點中我可以看到兩個非常重要的預言：

第一，危機的到來是不知不覺的。什麼是「危機」？危機是鳴著汽笛緩緩向你駛來的列車？還是吹著哨子大聲讓你躲開的「怪物小熊」？顯然都不是。真正的危機從來都是悄無聲息、突然發生，就像最近100年來發生的這幾次全球性的經濟危機，大量的世界級公司都在毫無準備的情況下被危機打垮。

第二，為了應對危機，必須不停地變革。通過變革來應對危機。這是任正非的觀點，也是他的經營思路。他認為如果不能正確地對待變革，或者是抵制變革，那麼企業就會不可避免地死亡。只有變革才能戰勝危機。因為變革可以去除企業內部的陳舊的體制性弊端，營造新的市場機遇，提高人的主觀能動性，這是抵禦危機最強大的力量。

近年來，我對中國的企業家提出了一個忠告：「在經濟轉型期，沒有人是絕對安全的。凡持高枕無憂想法的，必被新的經濟結構所淘汰。」那麼，在過冬之前我們都需要準備些什麼呢？

◼ 現金儲備是否足夠

在前面我們已經講到——現金流對企業的作用非常重要，它是我們的最後一道防線。假設有一天你不再盈利了，你就會意識到企業的現金儲備有多麼寶貴。因此，不管你是剛開始創業的企業家，還是成熟企業的管理者，提前準備兩到三年的「經營性

現金支出」都是非常必要的，否則一旦遇到企業連續經營不佳、收入下滑的情況，你就很可能會品嘗到資金鏈斷裂帶來的可怕後果。

▪ 業務是否有持續性

業務的持續性體現在——公司的產品可以長銷並擁有穩定的市場，而不是只做「一錘子買賣」。現在很多人急匆匆地創業，設計了各式各樣的產品和服務到市場上售賣，專門為此成立了公司，也到處去融資，但卻沒有考慮到業務的持續性。你需要想一想：「市場對我提供的產品和服務有沒有長久的需求？我有多少好時光，是5年還是10年？」假如一種業務只能持續5年，為它成立公司就是得不償失的，因為你很快就會迎來關門的時刻。

▪ 用戶群是否穩定

和業務的持續性一樣，市場及用戶群體的穩定性也是我們抵禦風險的關鍵因素。即便華為這樣的中國龍頭老大，也對市場可能到來的冬天充滿了警惕，要知道華為在中國擁有極為龐大的用戶群體。所以，當你準備拓展自己業務或者擴張公司的規模時，先想一想「我憑什麼獲得這麼大市場」的問題，計算一下現有及潛在的用戶群體，以及用戶的忠誠度是否足以支撐公司的市場份額。

多一點危機意識　CHAPTER **8**

▪ 有沒有堅強的心理準備

相比資金、技術和用戶群的儲備,更重要的是企業家的心理建設。你有沒有一顆像洛克斐勒那樣冷酷無情的強大心臟?能不能像巴菲特一樣在股災面前不動聲色的從容淡定?你能否做到在風雨飄搖的危機中堅持夢想、遵守既定的原則毫不動搖?脆弱的心理比危機本身更為可怕,它能徹底擊碎一個人的理想,摧垮他的理性思維能力。這就是為什麼大多數人只能充當「跟風之徒」的原因。要想學會那些成功者的思考方式,就必須先擁有他們的心理素質,特別是危機來臨時他們會想什麼?是興奮還是恐懼?是冷靜還是慌亂?讓自己變得像他們一樣強大,洞悉本質並且靈活地應變,這才是你能否像他們一樣成功的關鍵。

結束語

30 條提升思維能力的實戰法則

準時法則：尊重時間，時間才會尊重你。

對於安排好的工作，必須準時完成，並且長期堅持這樣的習慣。久而久之，時間就會回報你——讓你的每一份工作都能產生足夠的成就感。

樂趣法則：享受工作而不是厭棄它。

從現在起，你要學會享受自己的工作。不管做什麼，都要投入，體會其中的樂趣，把工作的積極意義最大化。除非這些工作是不必要的，是浪費時間的，否則你都應積極主動地對待。

「不後悔」法則：對做過的任何事情都不要後悔。

你不要因為一些失誤而對已經結束的工作念念不忘，這沒有意義。你要學會向前看，避免今後再出現類似的錯誤，而不是把時間都用到後悔上。

「不憂慮」法則：不要用憂慮的態度對待工作。

你不要面對著一堆還沒有做完的工作而表現得憂心忡忡，或者唉聲嘆氣。這只會增加你的心理負擔，讓你的工作效率更加低下。你要淡定和從容地處理當下最重要的每一件工作，因為這才

是最有效的辦法。

「二小時」法則：每天用二小時來規劃你當天的工作流程。

你可能覺得二小時太多了，但它一點都不過分。早晨抽出兩個小時進行當日的工作規劃，根據工作的需要，設計一系列必要的應對原則，這能讓你當天的工作效率提高至少兩倍。這一習慣持續下去，五年內為你帶來的收益至少會提高十倍。

「訊息概要」法則：多數資訊只需要了解概要。

互聯網時代的資訊是海量的，如何從中找出自己感興趣的、重要的東西？一個實用的方法是不要跳進資訊的海洋被它淹沒，要減少了解資訊的時間，只是讀一下它的概要即可。雖然資訊特別重要，但我們一生中看到的東西有 90% 以上都是無關緊要的，至少對你而言沒有用處。

閱讀法則：即使最好看的書，也沒必要完整地讀完。

你真正需要的閱讀方法是按價值等級進行挑選，而不是自己的興趣。請相信，根據興趣讀書的人往往都沒有多大的成就。再好看的書，你也沒必要全部讀完它。了解其中的主要內容是你首先要做的，遇到特別需要的內容時才有必要詳細閱讀。

「三分鐘」法則：讓自己的時間比別人快三分鐘。

你的手錶要永遠比別人快三分鐘。約會、開會、上班……總是比別人提前三分鐘，二十年內你多出來的時間，就是你領先別人的距離。

記錄法則：貼身準備記錄卡片。

你要隨身在口袋中準備一些空白的卡片和一支筆，隨時記錄臨時想到的好點子。人的記憶力不是無懈可擊的，有些想法稍縱即逝，因此「記錄卡片」是對我們思維成果的鞏固。

清單法則：為當天的工作準備清單。

在一天的工作開始之前，比如在你起床之後，要做的第一件事就是列出這一天的任務，並把工作的順序安排好。請記住，人在早晨時的思維往往是最清醒的，一定要充分利用好這段時間——非常適合做工作分配與任務安排的工作。

標注法則：對重要工作做標注。

當你遇到比較重要的工作時，不要急於開始，而是對它們進行標注。或者用紅顏色標明重要性，或者用數字排好順序，並適當注明工作的性質和需要完成的時間。

獎賞法則：對自己付出的努力要進行適當的獎賞。

每當你完成了一件比較重要的工作之後，可以允許自己休息一下。比如，聽 10 分鐘的音樂，或者去看一部一直想看但沒時間看的電影。當然，你也可以拿出 1 小時去約會。前提是你真的完成了一件「了不起」的工作。

開始法則：立刻開始，而不是「稍等」。

對自己應該做的工作，要習慣立刻開始，馬上著手處理。你想想自己平時到辦公室後的習慣是什麼呢？是先喝半小時的咖啡、聊一小時的天再工作，還是馬上打開電腦，處理當天的緊要事項？不要把時間用到「調整狀態」上，也不要「稍等」，而是

要開始工作,就算只開一個頭也是好的。

後果法則:想一想如果不做這件事,會有什麼後果。

假如你非常不願意做一件事,那麼你可以先問一下自己:「如果我放棄這件事的話,後果是什麼?」這可以讓你清晰地意識到這件事的重要性。如果沒有任何不良後果發生,那麼你當然可以放棄它;但如果它非常重要,則必須不折不扣地完成它。

二八法則:把80%的時間用到20%的工作中。

二八法則是把我們的思維能力轉化為高效成果的原則。因為我們80%的工作成果往往只來自20%的工作,所以你要找到這部分最重要的工作,並且投入大部分的時間和精力。只要把最重要的20%做好,你就可以取得初步成功了。

「枝幹」法則:理清思路的「中軸線」。

在思考的時候,不要理會那些旁枝末節,因為它們並不重要。你要從繁雜的思路中找到骨幹,也就是最重要的關鍵部分。其他的都不重要。比如,你要考慮一件事的根源、目的和主要路徑,而不是絞盡腦汁地探索它可以帶來多少附加收益。

剪除法則:把沒有多少實際幫助的事情排除在外。

有很多工作對我們達成結果是沒有實際幫助的,它們看似必不可少,實則可有可無。找到它們,然後剪除它們。

「時間預留」法則:為重要工作預留充足的時間。

記住,凡是比較重要的工作,你都需要足夠充裕的時間。依我的經驗來看,重要工作總是花費我們很多計畫之外的時間,所

以不要等到時間不夠用了再臨時安排，要在工作開始前就把它列為一個長期專案，並提供充分的時間支援。

精力法則：長時間地集中精力思考。

我們的成果大小，取決於投入的精力的多少。但精力和時間是不一樣的概念。有的人雖然投入了相當多的時間，但並沒有集中精力，因此效果也會很差。

收益法則：多去思考和處理能夠帶來長期收益的事情。

只要是可以為你或你的企業帶來長期收益的事情，就要投入更多的精力去思考和經營。即使這些工作並不能為你帶來現實的收益，也要認真地把它們做好，因為它們決定了你未來的上限。

「紙面」法則：盡可能少地降低紙面工作。

有大量的事項都可以通過電腦完成、記錄與傳遞，比如電子郵件、即時溝通工具等。這些工作不要通過紙質信件或列印出來的文件傳送，因為它往往會降低我們的工作效率。

收穫法則：一旦開始工作，就要「有所收穫」才能結束。

我經常對下屬講：「只要你拿起了一份文件，務必要有所收穫才能把它放下。」否則，你拿起它的意義是什麼呢？只會浪費寶貴的時間。盡可能避免重複做一項沒有意義的工作，比如開始了無數次，卻都沒什麼收穫。這種局面是非常不利的，它會傷害你繼續從事這項工作的興趣。

期限法則：為自己設定完成工作的最後期限。

你要學會給自己的每一項工作計畫設定一個最後的完成期

限，而不是只制定一個模糊的時間。後者會讓你無限期地拖延下去，而前者能幫助你盡快地把工作做完，實現計畫的目標。

必要法則：如無必要，不要輕易浪費別人的時間。

如果沒有必要，就不要去占用別人的時間來幫你處理工作或者溝通。這要求你在請人參與之前，必須對工作的性質和難度考慮清楚，確認有這個需求時再去發出請求。

「積極主動」法則：對任何事情都應保持積極和主動。

我發現不少企業家在聽取下屬彙報時都是一副冷漠的表情，臉上沒有什麼反應。看起來這是「安全」的，但並不有利於工作。越是居高位者，在聽取彙報、討論工作時就越要積極主動——這能激發別人的熱情，取得更好的效果。否則他們會感覺自己在浪費時間，因此也提不起精神。

掌控法則：不要為那些自己無法掌控的事情感到不安。

有很多事情是你沒有辦法掌控的，哪怕你再強，也不可能控制一切。因此，不要為這些自己控制不了的事情而傷心，也不要感到不安。你只需要關注在自己掌控範圍內的工作，並且很好地完成它們。

委託法則：把能委託的工作全部「委託出去」。

把所有能夠委託別人處理的工作全部交代給別人替你完成。所以，管理者最大的本領就是找到能替自己工作的人並管好他們。那些卓越的企業家就是這麼做的，他們很清閒，但企業的成長卻很快。

休息法則：休息的時候不要考慮任何工作。

在休息的時候不要考慮任何工作。比如周末和假期，因為這時候再把工作帶入進來，會影響你休息的效果，而且工作也無法順利地開展下去。打亂自己休息的節奏是非常「危險」的，負面情緒經常能夠延續很長時間。

簡潔法則：把「簡潔」作為自己思考一切問題、處理一切工作的基本標準。

不管是發布命令、開會或者回覆電子郵件，都應該秉持簡潔的原則。簡潔明瞭，直截了當，讓對方第一時間理解你的意思，才能為後續的工作打好基礎。

「問題式決策」法則：用詢問的方式思考接下來最應該做的事情。

要讓自己養成「問問題」的好習慣。比如，每當完成一件工作後，你可以問一下自己：「下面我最應該做的是什麼呢？」然後自己給出回答。通過詢問的方式進行思考，我們經常能夠獲得較為正確的答案，並在此基礎上制定一份清晰的行動計畫。

BIG 388
頂級思維：如何做出改變命運的選擇

作　　者—蕭　亮
副 主 編—陳萱宇
主　　編—謝翠鈺
行銷企劃—鄭家謙
封面設計—兒日設計
美術編輯—菩薩蠻數位文化有限公司

董 事 長—趙政岷
出 版 者—時報文化出版企業股份有限公司
　　　　　108019 台北市和平西路三段二四○號七樓
　　　　　發行專線—（○二）二三○六六八四二
　　　　　讀者服務專線—○八○○二三一七○五
　　　　　　　　　　　（○二）二三○四七一○三
　　　　　讀者服務傳真—（○二）二三○四六八五八
　　　　　郵撥——九三四四七二四時報文化出版公司
　　　　　信箱——○八九九 台北華江橋郵局第九九信箱
時報悅讀網—http://www.readingtimes.com.tw
法律顧問—理律法律事務所 陳長文律師、李念祖律師
印　　刷—紘億印刷有限公司
初版一刷—二○二五年五月十六日
定　　價—新台幣三八○元
缺頁或破損的書，請寄回更換

時報文化出版公司成立於一九七五年，
並於一九九九年股票上櫃公開發行，於二○○八年脫離中時集團非屬旺中，
以「尊重智慧與創意的文化事業」為信念。

頂級思維：如何做出改變命運的選擇/蕭亮著. -- 初版. --
臺北市：時報文化出版企業股份有限公司, 2025.05
　面；　公分. -- (Big；388)
ISBN 978-626-419-336-8（平裝）

1. CST：成功法 2. CST：思維方法 3. CST：人生哲學

177.2　　　　　　　　　　　　　114002789

ISBN 978-626-419-336-8
Printed in Taiwan

本書通過四川文智立心傳媒有限公司代理，經北京文通天下圖書有限公司授權，同意由時報文化出版企業股份有限公司在台灣地區獨家出版、全球發行中文繁體字版本。非經書面同意，不得以任何形式任意重製、轉載。